本書獲二〇二一年貴州省出版傳媒事業發展專項資金資助
本書獲貴州省孔學堂發展基金會資助

本書據南京圖書館藏明萬曆四十七年龍遇奇刻本影印

【陽明文庫】古籍整理系列

# 南皋鄒先生會語講義合編

【〔明〕鄒元標 著 陸永勝 編】

孔學堂書局

本書獲二〇二一年貴州省出版傳媒事業發展專項資金資助
本書獲貴州省孔學堂發展基金會資助
本書據南京圖書館藏明萬曆四十七年龍遇奇刻本影印

**圖書在版編目（CIP）數據**

南皋鄒先生會語講義合編 / (明) 鄒元標著；陸永勝編. — 貴陽：孔學堂書局, 2023.7
（陽明文庫. 古籍整理系列）
ISBN 978-7-80770-439-3

Ⅰ. ①南… Ⅱ. ①鄒… ②陸… Ⅲ. ①雜著–中國–明代 Ⅳ. ①Z429.48

中國國家版本館CIP數據核字(2023)第087199號

陽明文庫（古籍整理系列）
**南皋鄒先生會語講義合編** 〔明〕鄒元標 著 陸永勝 編
NANGAOZOUXIANSHENGHUIYUJIANGYIHEBIAN

項目執行：蘇 樺
責任編輯：陳 真 禹曉妍
書籍設計：曹瓊德
責任印制：張 瑩

出 品：貴州日報當代融媒體集團
出版發行：孔學堂書局
地 址：貴陽市烏當區大坡路26號
印 刷：雅昌文化（集團）有限公司
開 本：889mm × 1194mm 1/16
印 張：30
版 次：2023年7月第1版
印 次：2023年7月第1次
書 號：ISBN 978-7-80770-439-3
定 價：188.00元

# 陽明文庫

# 鄒元標其人其書其學

## 一、鄒元標其人

鄒元標（一五五一至一六二四年），字爾瞻，號南臯，江西吉水人。元標初從歐陽德、羅洪先的弟子胡直游，閱名山大川，訪書院諸家。後又師事王門弟子羅近溪、鄧以讚，爲第三代王學弟子。黄宗羲認爲元標之學「以識心體爲入手，以行恕於人倫事物之間，與愚夫愚婦同體爲功夫，以不起意、空空爲極致」[一]。《四庫全書總目提要》亦云：「其學亦陽明支派，而規矩準繩持之甚嚴，不墮二王流弊。」[二]可見，元標之學深得陽明心學之精髓，而無陽明後學之流弊。

萬曆五年（一五七七年），元標中進士，觀政刑部。初入仕途的鄒元標不以位卑忘國憂，針砭時弊，忠言直諫，意圖改革朝政。同年十月，針對張居正居喪不丁憂，「以奔喪爲常事而不屑爲」，鄒元標三次上疏反對「奪情」，並以此爲大不敬事提出彈劾，結果被廷杖八十，謫戍貴州都匀衛。都匀六年，鄒元標與黔中心學名士，被稱爲貴州「理學三先生」的馬廷錫、孫應鰲和李渭相與講學論道，甚爲相得，並爲李渭《先行録》作序，其中有云：「古之學者，學之爲君臣焉，學之爲父子焉，學之爲昆弟夫婦朋友焉，言理便是實理，言事便是實事。……予知先生之學，則予昔之未以予躬行爲是，今以先生躬行爲正。」[三]由此可知，鄒元標之學也是真切之實學。鄒元標在都匀「張公讀書堂」大講陽明良知之學，開黔南一時講學之風，並培養了陳尚象、吴鋌、余顯鳳等大批都匀王學弟子。鄒元標離黔幾十年後，仍不忘獎掖貴州後進，如他在《答陸鍾陽孝廉》中説：「貴地孫淮海、李同野當時在人争易之，今爲貴州人品，吾弟輩有一人向此路行，吾志遂矣。」[四]其黔中弟子爲紀念他，遂在其講學之地建南臯書院。郭子章《黔記》記載：「爾瞻謫都匀，至則修張公讀書堂，日與匀

[一] 黄宗羲：《忠介鄒南臯先生元標》，《明儒學案》卷二十三，沈芝盈點校，中華書局二〇〇八年版，第五三四頁。
[二] 永瑢等：《四庫全書總目》卷一百七十二，中華書局一九六五年版，第一五一四頁。
[三] 郭子章：《藝文志下》，《黔記》卷十五，萬曆三十六年刻本。
[四] 鄒元標：《答陸鍾陽孝廉》，《願學集》卷三，萬曆四十七年龍遇奇、郭一鶚刻本。

士講業，謳吟自適。所著詩文，門人刻之，名曰《雲中存稿》。都勻，昔名都雲也。』[一]余顯鳳曾以詩高度評價鄒元標在黔南的講學活動對當地士風的影響：『鄒先西江來，清風被吾里。竟挽劍河流，換却西江水。』[二]清代貴州巡撫田雯在《黔書》中說：『蓋自王文成、鄒爾瞻講學明道，人知向學，故黔之士能望的而趨，握瑾以售，正不乏人。』[三]應柱史朝卿爲其《雲中稿》序曰：『雲中者，夫非公之龍場乎？讀公之製，感慨入靈均之思而不忘其樂；豪舉似淵明之達，而不廢其憂；格言名理，繼文成之響而壹稟於忠懇。彼其了悟心性，鋭意聖賢，即名節二字，且目爲障。奚知順逆險易，又豈以勳庸加損。迺天下想望丰采，則方以公之隱顯卜世道盛衰。是稿也，固宜與《龍岡集》並傳不朽也與？』[四]可見，後人對鄒元標都勻講學及其著作均與王陽明同等視之，給予很高的評價。在《明儒學案》中，黃宗羲基於地緣關係將鄒元標劃定爲江右王學，但由以上所論及史料可以看出鄒元標對都勻王學的巨大開創和推動作用，故從地域學派建構角度看，鄒元標是當之無愧的都勻王學之先師，亦是黔中王學的重要一員。

萬曆十一年（一五八三年），張居正去世後，鄒元標受召回京，擢升吏科給事中。鄒元標起用後即上書請求恢復全國書院，並多次上疏改革吏治，醫治民瘼，直諫『培君德、親臣工、肅憲紀、崇儒術、飭撫臣』[五]五事，並假慈寧宮火災，諷諫明神宗節欲，觸犯了皇帝，被皇帝視爲『訕君賣直』。此間，鄒元標還彈劾罷免了首輔申時行的姻親禮部尚書徐學謨以及南京户部尚書張士佩，遭到申時行的不滿。適遇黨争，遂再次遭到貶謫爲南京刑部照磨，後調任南京兵部主事，再徵召改任吏部。先後歷任吏部員外郎、刑部郎中，至因病免職。後起用候補驗封，便陳述吏治十事，百姓疾苦八事，奏疏接近萬言。鄒元標居南京三載，便辭病歸里。後雖起爲吏部郎中，不赴。後母歿，遂居家講學，未涉仕途。從萬曆十八年（一五九〇年）至萬曆四十八年（一六二〇年），鄒元標居家講學三十載。期間，鄒元標主持吉水仁文書院，並講學於吉安青原會館、白鷺洲書院、白鹿洞書院等，從游者甚衆。同時，鄒元標與顧憲成、趙南星成爲『東林黨三君』。明

[一] 郭子章：《藝文志下》，《黔記》卷十五，萬曆三十六年刻本。
[二] 莫友芝等：《南皋書院落成呈陳給諫尚象吴解元鋌》，《黔詩紀略》卷十一，關賢柱點校，貴州人民出版社一九九三年版，第四一九頁。
[三] 田雯：《設科》，《黔書》，羅書勤點校，《黔書·續黔書·黔記·黔語》，貴州人民出版社一九九二年版，第一二頁。
[四] 郭子章：《藝文志下》，《黔記》卷十五，萬曆三十六年刻本。
[五] 黃宗羲：《忠介鄒南皋先生元標》，《明儒學案》卷二十三，沈芝盈點校，第五三二頁。

光宗即位後起用爲大理寺卿。尚未到任，被提拔爲刑部右侍郎。

天啓元年（一六二一年），任刑部右侍郎，不久改任吏部左侍郎，轉左都御史。針對當時朝廷内激烈的黨争，鄒元標進諫『和衷』之議，憂國之心，溢於辭表。在舉薦人才方面，鄒元標舉薦重用涂宗濬、李邦華等十八人，並請求徵召録用葉茂才、趙南星、高攀龍、劉宗周、丁元薦，以及撫恤、起用羅大紘、雒于仁等十五人，明熹宗均贊同接納。鄒元標不計前嫌，進言協助平反張居正，『江陵功在社稷，過在身家，國家之議，死而後已，謂之社稷之臣，奚愧焉』，最後使其復官復蔭。在治軍理政方面，鄒元標疏陳開發荒地，積集財賦，加强軍備等數事，並提出保證安寧的四項規條，得到朝廷的認可。在書院講學方面，鄒元標與左副都御史馮從吾建首善書院，集合志同道合者講學其中，不意受到給事中朱童蒙、郭允厚、郭興治等的彈劾，於是上疏請辭，被賜乘驛車回家。後進呈《老臣去國情深疏》，陳述軍國大計，不忘國憂。

天啓四年（一六二四年），鄒元標病卒於家中，享年七十四歲。天啓五年（一六二五年），御史張訥疏請毁天下書院，詆毁鄒元標，魏忠賢矯旨剥其官籍。崇禎元年（一六二八年），追贈爲太子太保、吏部尚書，謚忠介。

總之，鄒元標一生清正廉直，潛心治學，憂國憂民，名譽頗高，堪稱一代名賢。

## 二、鄒元標其書

鄒元標一生著書不輟，著作等身，從現有文獻資料來看，其著作主要有《願學集》《存真集》《南皋鄒先生會語講義合編》《鄒忠介公奏疏》《岳武穆精忠傳》《雲中存稿》《太平山居疏稿》《日新編》《仁文會語》《奏疏補遺》等十餘種。然鄒元標生於明末亂世，不少著作散佚不見，目前可查者主要有五種，多爲後世整理刊刻本。

《願學集》八卷，這是鄒元標著述中流傳最爲普遍的一種，主要有四個版本，其一爲明萬曆四十七年（一六一九年）龍遇奇、郭一鶚刻本，另三種均爲清代本：清乾隆十年（一七四五年）特恩堂刻本、清乾隆十二年（一七四七年）吉水鄒氏刻本和清《文淵閣四庫全書》補配清《文津閣四庫全書》本。從時間和清代四庫全書『選書』的角度出發，明刻本的價值不言而喻。

《存真集》六卷。《存真集》主要有兩個版本，其一爲明李生文、張瑀等刻本；其二爲清乾隆十年（一七四五年）特恩堂刻本。這兩種刻本都很少流傳，形如『孤本』。其中特恩堂刻本現存於南京圖書館，與《願學集》合編爲《鄒忠介公合集》十六卷。

《南皋鄒先生會語講義合編》四卷，學界慣稱爲《語義合編》，其重要版本爲明萬曆四十七年龍遇奇刻本。該版影印收入《四庫全書存目叢書》，由齊魯書社於一九九七年出版。

《鄒忠介公奏疏》五卷，目前可查者爲明崇禎十四年林銓刻本，爲孤本。

《岳武穆精忠傳》六卷六十八回，由鄒元標編訂，其現存刻本兩種皆爲清代本，一爲清一枝山房刻本，一爲清乾隆三十六年（一七七一年）寶仁堂刻本。《岳武穆精忠傳》爲傳記體文學作品，且是編著，因此在鄒元標哲學思想方面價值較小。

除了以上著述，目前文獻可查，鄒元標還有一些散佚之作，如《鄒南皋先生集》一卷（清康熙洪洞范鄗鼎五經堂本）；《集句叢鈔》四卷［清嘉慶十五年（一八一〇年）林茂堃刻本］和《古詩十九首》［明天啓四年（一六二四年）行書拓本］等。

鄒元標的著作目前還没有得到全面的整理和出版，部分著述在一些大型刻本影印叢書中已得到出版。但就目前所見，多爲清代四庫本，故在版本價值方面遜於明刻本，且因爲多爲大型紙質圖書，對於研究者而言，查閱甚爲不便。主要涉及以下幾部叢書：四庫全書存目叢書編纂委員會編：《四庫全書存目叢書·子部一四》，濟南：齊魯書社，一九九五年；顧廷龍主編、《續修四庫全書》編纂委員會編：《續修四庫全書》（第四八一、四八二、九四二册），上海：上海古籍出版社，二〇〇二年；商務印書館四庫全書出版工作委員會編：《文津閣四庫全書》（第四三二册），北京：商務印書館，二〇〇五年；王鍾翰主編、四庫禁毀書叢刊編纂委員會編：《四庫禁毀書叢刊補編》（第二三册），北京：北京出版社，二〇〇五年；紀昀、永瑢等編纂：《景印文淵閣四庫全書》（第一二九四册），臺灣商務印書館，二〇〇八年；徐永明、樂怡主編：《美國哈佛大學哈佛燕京圖書館藏明代善本別集叢刊》（第二三册），桂林：廣西師範大學出版社，二〇一七年等。

## 三、鄒元標其學

鄒元標生活在明代晚期，其所面對的社會狀況更是千瘡百孔，社會弊病層出不窮，朱明王朝江河日下。正如《明史·吕坤傳》所載：『自萬曆十年以來，無歲不災，催科如故。臣久爲外吏，見陛下赤子凍骨無兼衣，饑腸不再食，垣舍弗蔽，苫藁未完；流移日衆，棄地猥多；留者輸去者之糧，生者承死者之役。』[一]天下疾苦無以復之，內憂必有外患，時值遼軍進犯，並在數月內攻克撫順、清河等地，大明王朝岌岌可危。然而此時的萬曆皇帝依舊奢侈無度，『數年以來，御用不給。今日取之光禄，明日取之太僕，浮梁之磁，南海之珠，玩好之奇，器用之巧，日新月異。……以至覃恩錫賚，小大畢霑；謁陵犒賜，耗費鉅萬。錙銖取之，泥沙用之』[二]。特别是在張居正死後，作爲國之棟梁的大臣們不但束手無策，反而清言自高，危言聳人，黨同伐異，『帝怠於政事，章奏一概不省，廷臣益務爲危言激論，以自標異。於是部黨角立，另成一門户攻擊之局』[三]。仕風如此，國事休矣。伴之而隨的是民風刁詭，棄善揚惡，『世間與人爲善者少，忌善者多；明善之脉絡者少，不明乎善者多』[四]。學風亦是不知務實踐履，清高搏譽，『吾鄉學問極能纏縛英豪，三尺豎兒口能談陽明，問其所以爲陽明，白頭不知也，言及此令人厭甚』[五]。此學之弊，對於胸懷儒家内聖外王理想、以天下蒼生爲念，行濟世化民之道的鄒元標而言自然是厭惡至極。這種社會生態同時也構成了鄒元標經世思想的社會文化背景，成爲其經世之學批判和建構的語境。

鄒元標的經世思想突出特點在於更注重思想理論及實踐方法的針對性，因此，不但當時他本人身體力行之，而且從現在的個人治理、民間治理、政治治理等角度看也依然具有實踐性和啓發性。作爲心學的代表人物之一，鄒元標的經世思想仍然是在心學的體系内展開的，心、性、仁是其經世之學本體論的核心範疇，作爲致思維度的知行合一貫穿其整個心學功夫理論，在本體和功夫的基礎上建構的實踐論顯然更具有深刻性、針對性和實用價值。作爲時代與學術發展衍變的印迹，鄒元標的經世之學思想與陽明及其一代、二代弟子相比，其對朱學和佛教思想有了更多的包容。這種包容不是學者一般意義上的『陰攝』，而是表現在其言行之上的。但毋庸諱言，在當時的學術生態下，這種包容是有局限性的，有别於晚明的逃禪思潮。總體而言，鄒元標的經世之學體現爲三個方面：

[一] 張廷玉等：《吕坤傳》，《明史》卷二百二十六，中華書局一九七四年版，第五九三八頁。
[二] 張廷玉等：《孟一脈傳》，《明史》卷二百三十五，第六一二六頁。
[三] 趙翼：《明言路習氣先後不同》，《廿二史劄記》卷三十五，中華書局一九六三年版，第七三八至七三九頁。
[四] 鄒元標：《答粤中友》，《願學集》卷三，萬曆四十七年龍遇奇、郭一鶚刻本。
[五] 鄒元標：《柬友人》，《願學集》卷二，萬曆四十七年龍遇奇、郭一鶚刻本。

## （一）實心

鄒元標經世之學的本體即是仁、性合一的實心，作爲實體的心是功夫論、實踐論的基礎。龍遇奇曾評價鄒氏的學術思想風貌道：『先生之學以透性爲宗，以宗爲教，故無教非宗，即體即用，即下學即上達，其實修實證，無一不歸之日用倫常，而其活活潑潑，元元本本，無問談神化，抉性命即隱若奥深微爲謦。』[一]可謂中肯！其指點出了鄒氏之學『透性』『體用合一』『實修實證』『不離日用倫常』的特點。從鄒氏經世之學本體論的角度言，在『透性』之外，鄒元標仍有對心體之仁、心體之實的論述，從而構建起其心性合一的實存實有的實心本體論。

鄒元標認爲仁是人的本質和自然本性，而且是體現儒家最高價值原則的本體範疇。鄒氏主張仁，在很大程度上是爲了避免日益玄虚的良知、心等提法，具有針砭時弊的責任意識。當然，鄒元標的仁學思想亦有其突出之處——强調識仁、行仁及將作爲善惡標準的仁轉化爲是非標準，這一方面突出了仁的行動性，另一方面建構起一套嚴格的道德標準，對道德之惡進行嚴厲的擯除。鄒元標仁學思想的這些特質在某種意義上是爲了對治當時的空疏之風及政治層面、民間層面、士大夫層面存在的道德弊病，從而建構起以道德爲内核的務實踐履的實學思想，因此具有突出的時代價值和意義。

鄒元標曾説，『予最佩服《識仁》一書，直入聖域』，並提出了其『識仁説』。鄒元標依循《易傳》的『生生之謂易』的理論模式，認爲仁具有生生的性質，仁之體即心，仁生生不已，心亦生生不已。生生即是體也是用，内存於人的心，既具有天地生生之根本的本體意味，又被賦予了强烈的倫理情懷，其超越人倫日常，又不離人倫日常，所以依鄒氏之言，仁是行動的。仁的倫理内涵爲其在倫理道德實踐領域中的展開提供了必要的理論依據。鄒元標肯定先聖的識仁之教，要求學者先做識仁的功夫，識仁是爲仁的前提，爲仁只在復禮，即按照仁的要求而行。鄒元標從兩個方面談到識仁的問題：一方面，從心即仁出發，强調識仁要做自訟和日減的功夫。另一方面，從體用關係出發，强調在日用事爲中歸仁。在鄒元標看來，仁體自足，體用合一，心體本無體，以萬事萬物爲體，所以盡心就要盡物，求心就要在人倫日用中求，不可外物求心。可見，鄒元標的識仁説是立足於現實生活的，這也爲其經世思想的展開提供了理論基礎。

鄒元標認爲仁在本質上是行動性的，而且這種行動性是内在自發的，因此，人行仁應該是一種自覺自爲的行爲。鄒元標肯定由仁義

[一] 龍遇奇：《刻鄒南皋先生語義合編序》，鄒元標：《南皋鄒先生語義合編》，萬曆四十七年龍遇奇刻本。

行，而否定行仁義，他認爲由仁義行即是順性而動，不染人爲；行仁義則作而致其情，滿足一種爲仁的情感。前者體現了仁的自發動、自驅動、自主宰的本體地位，後者則以仁義爲目的，不免有自私用智之嫌。鄒元標同時也認爲，由仁義行要建立在心體自信基礎上，人如果不能自信其心，自信其仁，那麽就是無主宰，不免虛生浪死。鄒元標的行仁思想並不僅僅停留在意識的層面，而是落實於日常生活和道德實踐中的，因此具有現實的意義和價值。在儒家倫理中，仁與惡相對，其本是道德評價標準，但鄒元標將其强化爲是非標準。如他説：『學在識仁，識仁則無之非是，不識仁則無之而是。』[二]識仁則是，不識仁則非，鄒元標的這種轉化在明晚期良知學日益空疏，脱離本體，追逐於情志的環境下具有對治時弊的實際價值，通過這種嚴格的標準，對社會中不符合仁義道德的行爲進行嚴厲的擯除。

鄒元標的『實心』説另一重要維度即是對『性』的關注。鄒元標對朱熹、王陽明等理學家關於性的思想都有所繼承，並有發展，其最大創新之處在於强調了『透性』的教化作用，這即是對其心學思想的豐富，也是對性的學説的發展。鄒元標認爲性通天地民物，外人物而無性。盡性，惟盡人物之性而已。在心學中，心爲本體，心即性，即是强調性的本體地位。性即理，理發之於萬物，則性亦發於萬物。鄒元標認爲，無性，則無古今天地萬物，盡性，則天地萬物一體。人之七情五倫亦是性的發用，所以情盡而性盡。因此，在某種意義上可以説，性無體，以萬物爲體，性無真亦無妄，性存在於物性之中，求性之真，性之妄，都是執着、病痛。只有悟得性之真、妄是不可求，方見性。可見，鄒元標將性與仁、義統一，將七情歸爲性之發用，具有一定的倫理實踐意義。鄒元標認爲人做得盡性功夫，那麽就可以達到内外合一、萬物一體的樂的境界。從内外、體用的角度言，『學者果透本性，則知克塞宇宙皆此理也。何内外之可言。内外者，體用之謂也，體用不二』[三]。性貫通天地萬物，因此，學者透性，則天地萬物皆此性也，無有内外，體用不二。同時性包含五倫七情，盡人之性，則盡人倫之情，盡物之性，則盡萬物生生之意，這是一種人倫和美，無不自得，萬物和生，無有缺失的境界。

鄒元標的透性説並沒有僅僅停留在義理論析的層面，而是落實於現實的道德踐履之中，心與性的合一使其本體論和透性功夫具有更爲切實的現實價值和意義，成爲鄒氏經世之學的重要組成部分。

如果説鄒元標通過對『識仁説』和『透性説』的哲學分析建構並豐富了心體的内涵，是對其實心本體論的正向建構，那麽，其通過

[一] 鄒元標：《龍華會紀》，《南皋鄒先生會語合編》上卷，萬曆四十七年龍遇奇刻本。

[二] 鄒元標：《鷺洲會紀》，《南皋鄒先生會語合編》下卷，萬曆四十七年龍遇奇刻本。

『以心釋空』論證心體的實存性，則是一種反向建構。實存性的本體是儒家哲學的理論基石，是其功夫、發用、體用、境界、踐行等的依據。鄒元標在儒佛之辨的視域内，以『心』釋『空』，間接地論證了心的實體性存在，爲其經世思想奠定了實心的本體論，體現出其詮釋價值之一面。另外，鄒元標的詮釋立場在明末儒非佛的語境中凸顯出鮮明的心學立場，表現出其儒家本色。可以説，鄒元標對空的詮釋，一方面體現出其時儒佛交融的學術語境，另一方面體現出鄒氏的心本論立場和對心體『實有』的持守。鄒氏的這種詮釋立場和視角同時也賦予了其心學本體『空』爲表徵、『實』爲本質的特點，使其顯得空靈而富有詮釋能力，這主要體現在對『體空』『性空』『空空』的詮釋上。

在鄒元標看來，空之體並不是體之空，空本身也是一個實體性的存在。正是在此意義上，鄒元標否定空是佛教的斷滅，認爲浮雲蒼狗，變幻無常，從『相』的角度言，是相空。而相之體則不爲變幻所轉，所以能够把握空空之體，就能以天地在手，萬化生身。關於『性空』的詮釋主要是圍繞『煩惱即菩提』展開的。世之學者爲學功夫未精，未能悟得性體，便曰性本空，煩惱即菩提，這是執着於煩惱或表像，而否定『性』的存在，以致流爲無忌憚。從佛學的『緣起論』而言，煩惱因緣而起，因緣而滅，性本爲空。真正的菩提路是因緣而悟，而不是罪性空。因爲，罪性空的邏輯前提即是以性空爲實體，這是不符合佛學義理的。鄒元標認爲煩惱即菩提，不是要人執着於煩惱，而是要在煩惱上體悟性體，用儒家的話來講，就是要在日用常行中磨練功夫，體悟本體。在此意義上，人如果能悟得性空，那麽作爲表像的煩惱即以性空爲體。所以，從體用的角度講，煩惱即菩提。作爲本體的性空具體指什麽？鄒元標認爲，真性作爲本體是超越外在形骸的，因此從本體與功夫的角度言，不悟本體，功夫便執着於外物，遂有犯手處；悟得本體，功夫便未致絲毫氣力。但未致氣力，並不是不做功夫，而是以無功夫爲功夫，在本體上做必有事焉的功夫。

鄒元標在《南都會紀》中與學生討論《論語·子罕》『吾有知乎哉？無知也，有鄙夫問於我，空空如也，我叩其兩端而竭焉』時提出了『空空』的觀點。鄒元標認爲，一般人常常執着於兩個對立的事物中，不能釋懷，不能做到廓然大公。而聖人則能超越對立面，而歸於空空。那麽，空空指什麽？它與兩端的關係如何？鄒元標認爲，聖人致知於無知，格物則不聞不見，無知之知和不聞不見都是空，但二者又是不同的。不聞不見之空指不執着於物，以外物爲空。無知之知之空則指事物的本質爲空。由此可見，鄒元標所謂的本體之空即是外於對立兩端的中和心體。因此，在根本上，空空之本體乃是實體之心。鄒元標的實心思想正是建基於此。

總之，鄒元標通過對仁、性、空的論述，建構起其心學經世思想的實心本體論，爲其實學功夫論和仁治觀奠定了理論基礎。從中我們可以窺視到鄒氏之學的精嚴細密和在心學傳承中的重要地位，而其實功的功夫論和實行的仁治觀亦在其中矣。

### （二）實功

鄒元標在其思想體系中對心學功夫的論述始終體現出一種時代的緊迫感與使命感，這既有時代社會、文化、政治生態的外因作用，也和其實心本體論及心學自身發展演變相關聯，正是在内外因的雙重作用之下，鄒元標的功夫論體現出鮮明的實學特色，其針對時弊建構了以心爲體，以知行合一爲内在維度的實悟、實修相結合的功夫論，具有突出的實踐價值。

鄒元標對作爲功夫内在維度的知行合一的論證有着實踐與義理的雙重考慮。鄒元標的時代，爲學之風日益弊陋。心學自陽明光大之後，大有功於明初僵化理學所導致的知行不一學風的改善，然而到了明末，王門後學的一些重要弟子片面追求心性，清談務虚，崇尚高明一路，不事踐履，再次重蹈了知行不一的覆轍。歷史的吊詭在於，王陽明當年爲了對治『病革臨絶』的社會弊病而提出的良知學説和知行合一功夫，後來在其王學内部分别成爲攻擊的目標和武器。但深究之，我們發現，明末所攻擊的良知學已經不是王陽明所宣導的真良知學，而是一種假道學，作爲武器的知行合一是不變的真理，但假道學的知行合一仍然不是陽明的真知行合一。

首先，鄒元標强調了知行合一的功夫維度。明末出現的種種學弊歸其要即是知行不一，因此强調知行合一在功夫各個層面的展開也是鄒元標心學思想的主要内容之一。鄒元標從先立其大的思想出發，認爲形上與形下、道與器本是一，因此不能僅在口頭上説是一是二：『在人信得及，豈口頭説得是一是二，信得者説二是一，信不得者説一即二。』[一]信得者是從本體上説，信不得者是從形氣上説，二者，即是有對待、有執着，便不是真學問，『道無對待，有對待者，非道也。學無等待，有等待者，非學也』[二]。所以，鄒元標對是一是二問題的解決最終還是要從本體回到功夫上，只有在功夫上體悟知行合一，才是真知行合一。

其次，鄒元標在知行合一的功夫維度下，强調心、功夫與物事的合一。鄒元標曾在《偶占七首》中説：『初學苦支離，閑心自得師。

[一] 鄒元標：《問仁會録》，《南皋鄒先生會語合編》上卷，萬曆四十七年龍遇奇刻本。

[二] 鄒元標：《龍華密證》，《南皋鄒先生會語合編》上卷，萬曆四十七年龍遇奇刻本。

纖毫皆帝力，無語付天倪。』[一]其中表現出了功夫在心、物之間無入而不自得的境界。在鄒元標看來，實學功夫要從悟得心體做起，收拾頭顱，明心見性，才能事無不妥。否則，一味强求心與事合，便是多了個心，未免凑泊。在功夫與物事之間，鄒元標認爲功夫要在事事爲爲中展開，二者不可分離，故人倫日常皆是功夫之地，明心見性，修身成聖，齊家治國平天下皆可於此窺見一斑。

最後，在知行合一的維度下，鄒元標特别强調了修悟合一的功夫方法，其在《仁文會語》中提出了『先悟』『重修』『貴證』三種方法。『悟』是爲學的入門方法，鄒元標將悟分爲省悟、奮悟和透悟三種，省悟、奮悟所悟者，事爲而已，而透悟者何？吾之心也。悟得心體靈靈明明，則周流無滯，臻入自得之境。所以，在鄒元標看來，只有透悟才是聖道之正宗，是最切於己者。『修』是一種以身行之的實踐功夫，且具有現實的針對性。修的内涵包括惇倫、崇禮、慎辭受取三個方面。惇倫者，在於盡五倫而不使有失；崇禮者，在於循於禮而不使有越；慎辭受取即在於合於節。三者合一即是實有諸己的修身功夫，所修者，亦吾之心也。所以，從功夫目標來講，悟和修是一致的。悟者，即悟其所謂修者，修者，修其所謂悟者。而『證』並不是一個具體的功夫方法，它是悟和修之間的辯證邏輯所在，體現了二者的互證關係，保證所悟者與所修者的一致性。以悟證修，則修不會誤入歧途，以修證悟，則悟不會落入元虛之弊。所以，悟與修在根本上是内外合一、雙融的。因此，在鄒元標的功夫論體系中，悟和修都是實有的功夫，實有於本體，實有於修身，是實悟、實修的功夫，具有明顯的實學色彩和實踐價值。

可見，鄒元標的功夫中包含着實悟、實修與實證的辯證統一，實證作爲論證邏輯方法，體現了實悟與實修的互證關係，悟有修證，修有悟證，從而使得鄒元標的功夫論體系更爲嚴密和圓融，呈現出『實功』的實學特色。鄒元標的經世實學思想對於人的實踐活動具有多方面的指導意義，而其功夫則是貫穿此實踐活動的内在維度。

### （三）實行

鄒元標的功夫論以心性合一爲本體基礎，以修悟合一爲外在功夫特徵，以知行合一爲内在功夫維度，將本體與功夫、心與意、心與物結合起來，建構起體用合一、内外合一，富有實學特色的功夫論體系，其『實』不僅表現爲明道方面的實有於心、修德方面的實有於身、

[一] 鄒元標：《偶占七首》，《願學集》卷一，萬曆四十七年龍遇奇、郭一鶚刻本。

通經方面的實有於學，還包括致用方面的實有於世。這四個方面圓融於同一個思想體系内，最大程度地體現了鄒元標心學思想中以仁爲核心的治理觀。鄒元標不僅是一個思想家，而且是一個行動的思想家，是心學知行合一思想的踐履者，他的仁治觀集中反映了其治理實踐中思想、方法與踐行的合一。

一方面鄒元標生活的明代晚期，社會風氣每況愈下。而鄒元標作爲一個秉承儒家内聖外王信仰與理想的士大夫，則奮起救世，力圖挽明朝於頹敗之勢。然而，由於時代的局限性，鄒元標可資以爲用的救世方法僅有講學覺民，並以爲政和奏疏格君以治世。鄒元標曾感嘆道：『天下治亂，係於人心；人心邪正，係於學術；法度風俗，刑清罰省，進賢退不肖，舍明學則其道無繇，無偏無黨，王道蕩蕩，無黨無偏，王道平平。』[一]鄒元標把學術提高到關係人心邪正、吏治清平、天下治亂的高度，這和王陽明有相同的認識，陽明也説：『今夫天下之不治，由於士風之衰薄；而士風之衰薄，由於學術之不明；學術之不明，由於無豪傑之士者爲之倡焉耳。』[二]可見，重視學術的教化作用已經成爲明代中後期士人的共識，體現出士大夫憂樂天下的責任感。故鄒元標創辦書院，講學不輟，並表彰『耿定向洞徹道源，力維名教，以成就人才，爲真修而質行式端乎表率，以康濟民生爲實學』[三]，『羅汝芳性資超脱，行誼高貞，惟道是慕，富貴功名不入其心，逢人必誨，貴賤賢否，不知其類』[四]。從中我們可以體會出鄒氏明道覺民的思想，正如祁承㸁在《讀鄒南臯先生語義合編》中所説：『尹亦有言，予將以斯道覺斯民也，夫豈取諸尹之所有者而覺之哉！明之乎斯道實斯民之道，而尹之覺即民之覺也，然則先生之立教意在斯乎？讀是編者得其覺民之意則可矣！』[五]可見，鄒元標講學覺民爲政思想中包含着道德責任和情懷。

另一方面，鄒元標汲汲於奏疏以格君心，希望能够鼓舞士心，以肅吏治。他在《直抒膚見疏》中以堯舜相期於君的理想相期於政，『夫談天下國家之事，在握其要，得其要，則衆政畢舉，不得其要，興一政釐一弊，亦徒竭精神已爾。史稱堯舜之知在急先務，矧知不若

[一] 鄒元標：《陳共學之原以定衆志疏》，《鄒忠介公奏疏》卷五，崇禎十四年林銓刻本。
[二] 王陽明：《送别省吾林都憲序》，《王陽明全集（新編本）》，吴光等編校，浙江古籍出版社二〇一二年版，第九二六頁。
[三] 鄒元標：《敬采輿論共推士品懇乞查明録用昭雪疏》，《鄒忠介公奏疏》卷一，崇禎十四年林銓刻本。
[四] 鄒元標：《敬采輿論共推士品懇乞查明録用昭雪疏》，《鄒忠介公奏疏》卷一，崇禎十四年林銓刻本。
[五] 祁承㸁：《讀鄒南臯先生語義合編》，鄒元標：《南臯鄒先生語義合編》，萬曆四十七年龍遇奇刻本。

堯舜者，能役役爲天下用哉』[一]，並嚴厲指斥在危難之際，不願爲君盡忠、爲國出力的朝臣（侍郎熊廷弼、張鶴鳴、王在晉、祁伯裕），國家危難，召而不至，有負於君，『英雄之氣安在』？[二]『知父莫若子，知君莫若臣，臣子不知君父，是處光天化日之下，而不知天之高、日之朗，惡所稱子臣也者』[三]。同時，鄒元標還在奏疏中條陳了種種具體的治理方法，如在《敷陳吏治民瘼事宜疏》中，他列舉了『定等則』『洗佞習』『便升轉』『議久任』『重京考』『褒名德』『慎撫臣』『搜遺逸』『審邊臣』『恤遠臣』等吏治方法，並列舉了時民之苦，『秤頭之苦』『虛糧之苦』『繇票之苦』『積荒之苦』『科場之苦』『積疫之苦』『清軍之苦』『驛遞之苦』等。正如鄒元標在爲其弟子陳尚象等編寫的《萬曆貴州通志》所作的序中所説：『讀茲者，感甲兵强弱則思振，熟土苗馴梗則思馭，會錢穀多寡則思裕，稽盗賊出没則思靖，察士習民風淳漓則思正。』[四]在鄒元標的奏疏中，我們亦可以深切感受到他的這種振世善俗覺民的士人理想和責任意識。可見，在鄒元標奏疏格君以治世的思想中亦有者顯明的道德至上意識和憂世情懷。故李邦華在《鄒先生語義合編序》中表彰鄒元標曰：『先生振世覺民之心之無窮也。』[五]此言可謂恰切。

總之，鄒元標的經世思想在諸多方面繼承和發展了陽明的心學實學思想，是對明末心學末流學風的反對，其實心本體論、實功功夫論、實行仁治觀都體現出踏實的實踐作風。

陸永勝

二〇二三年二月一日於南京

[一] 鄒元標：《直抒膚見疏》，《鄒忠介公奏疏》卷一，崇禎十四年林銓刻本。

[二] 原文见鄒元標：《乞嚴明振作以救臨危疏》，《鄒忠介公奏疏》卷三，崇禎十四年林銓刻本。

[三] 鄒元標：《救郭中翰疏》，《鄒忠介公奏疏》卷五，崇禎十四年林銓刻本。

[四] 鄒元標：《貴州萬曆通志序》，郭子章：《藝文志上》，《黔記》卷十四，萬曆三十六年刻本。

[五] 李邦華：《鄒先生語義合編序》，鄒元標：《南皋鄒先生語義合編》，萬曆四十七年龍遇奇刻本。

# 《南皋鄒先生會語講義合編》序

《南皋鄒先生會語講義合編》由鄒元標門人所輯，『以講學者曰會語，説經者曰解義，故總名曰「語義合編」』。（《四庫存目》本之跋）明萬曆四十七年龍遇奇刊刻。究其内容而言，『是編，先生與同志及門之士所講德論道者皆萃於此，片語微詞，直提簡易，逗機合拍，啓瞶振聾』（祁承㸁語）。所以，本書是我們體悟鄒元標心學思想，感受其講學風采的重要文本。

《語義合編》包含《南皋鄒先生會語合編》（上下卷）和《南皋鄒先生講義合編》（上下卷），共四卷。前者爲講會語録，凡十七篇，一方面生動地再現了師友之問答，學思靈動，融會諸家，既體現了鄒元標思想之豐富性，也體現了其講學之靈活性，『隨機指點，當下拈提示之，庸行庸言而實不學不慮』（周汝登語）。另一方面也呈現了明末心學講學之盛況，對於明代書院講學考釋具有重要的文獻價值。後者爲解經之文，是鄒元標四書學思想的集中體現，也是『以心解經』的典範。但鄒氏所重者在《論語》，而《大學》《中庸》《孟子》次之，此就次序而言；就章目而言，《論語》凡八十七章，《大學》凡九章，《中庸》凡九章，《孟子》凡二十三章。由此可見鄒元標四書學之特色及其重『仁』的思想，這在一定程度上反映出明末心學内部反思心學後學之流弊，而欲追孔孟之仁，倡明聖學實學的努力。

鄒元標重『仁』，且能以『仁』論『心』，以補陽明後學之心之空疏。故鄒氏救正於陽明，可謂有力。其在《龍華會紀》中説：『學在識仁，識仁則無之非是，不識仁則無之而是。』在《君子所以異於人者章》中有問：『仁以存心，是將仁存心否？』鄒氏答曰：『將仁存心，心愈不仁矣。將禮存心，心愈不敬矣。仁，人心也。即心即仁，即仁即禮，是湊泊得的。』鄒元標將仁、心、禮統一起來，既强調了心之内實（仁），也强調了心之外實（禮），故其在《龍華密證》中又講到：『心無體，以倫物爲體，遺倫物而語心，不知心者也，盡倫物即所以盡心。』可見，鄒元標論心，並無走向玄虛，而是在本體—實證與發用—實修上發揚了王陽明之心學。故周汝登説：『今以讀鄒子諸語（即《語義合編》），則文成之道不孤，至聖之宗不墜。』鄒元標之心的『實』還體現在其對心學之性的闡揚以及因性施教方面。鄒氏認爲：『性如有毀，則天地何以有古今；性如有漏，則木石未嘗無知覺。故我盡性則萬古常存，萬物一體。蓋一性裂爲七情，情盡而性盡，則薪盡火傳歷萬劫而不磨。性盡則物性亦盡，任元化之推遷與品彙而同春。』（《鐵佛會語》）性外無物，故性盡而情盡而物盡，由此在性與理、性與物兩個向度充實了心學内涵，爲其實證實修功夫奠定了性論之基。龍遇奇説：『大抵先生之學，以透性爲宗，以宗爲教，故無教非宗，即體即用，即下學即上達，其實修實證，無一不歸之。日用倫常而其活活潑潑，元元本本，無問談神化抉性命，即隱若奥，渫微爲聲，欬人若輿，隸物若飛潛，無一不歸之天則明命。』可謂中的。在此意義上，『姚江之學藉先生乃行，而先生之學固已包孕姚江，俟百世而不惑矣』（李邦華語）。『陽明之語必與《庸》《孟》俱傳，鄒子之言必與《傳習》並著，兹言以俟後聖當不易也。』（周汝登語）可謂中肯，亦可見時儒大家對《語義合編》之於陽明學的重要地位的肯定與褒舉。

在明末『救世』思潮的視域下，《語義合編》的重要意義還在於其與時代思潮的互動。『讀是編者，得其覺民之意則可矣。』（祁承㸁語）『有是哉，先生振世覺民之心之無窮也。』（李邦華語）由此可見，鄒元標《語義合編》實現了由思想而入世的價值意義，此也是鄒元標心學實學之路徑。

《南皋鄒先生會語講義合編》不但心學思想豐贍，而且論學語言精闢，諸多語句或可作箴言共勉。故『纔開卷如凉風生兩腋，徐讀之如游子萬裹尋家，而忽望其舊國邑也』（李邦華語）。可謂意蘊悠長。讀是書，當細細體悟，便可思義見人，『其所可窺者，在「語義」中，而其所不盡傳者，在「語義」外。會其神，則「語義」之中有先生，而先生之外無「語義」，涉其跡，則離「語義」而先生遠，泥「語義」而先生益遠』（李邦華語）。時賢之語，不吾欺也。

陸永勝

二〇二三年五月一日於南京

# 目録

## 南皋鄒先生講義合編下卷

### 大学



### 中庸

## 孟子

讀鄒南皋先生語義合編

承㦤誦法孔孟而竊窺聖賢立教之意總之不離當機者近是故一貫之示寧有兩途或直提於未唯之先或俟語於非與之後非一貫之有後先而聞一貫者之有後先也是以性道文章夫子何日不行生於宇宙而神

機相逼聞文章即聞性道境悟未臻聞性道亦止屬為文章矣蓋器有利鈍而教無開遮機有淺深斯語分上下知此者可以讀先生之語義合編矣是編先生與同志及門之士所講德論道者皆萃於此片語微詞直揭簡易逗機合拍啓瞶振聾夫幽室而

燭以睎暘甘泉而酌之酷暑有不豁然舒眸而爽然沁入于肺腑者非愚則狂疾矣然承牒因讀合編更有感于世敎爲楊子雲曰聖人之言遠如天賢人之言近如地伯淳氏起而正之曰雄之言非也聖人之言遠如天近如地賢人言道如秉燭以照執如

意以指物也可謂明矣聖人目照而手指者也故賢人之言近聖人之言尤近明道其知言乎槖之何學者學一先生之言而竊其餘也吹簧轉轂如媒妁之行詞拾有據無類巫師以嚬咲試令反而自求其立言之意亦且茫然不得其解此其故在隨人若

夫避階級俱捐之說乃不為動靜互
寂之功畫脂鏤氷摶虛吹影了無一
語可以實體常行此其故在自昧夫
設教者機乎而執正始適道者境實
而途清故自滯邊見而墮語後之機
借重玄而托妙門之鍵者皆司世教
者之所深憂也尹亦有言予將以斯

道覺斯民也夫豈取諸尹之所有者而覺之哉明之乎斯道實斯民之道而尹之覺即民之覺也然則先生之立教意在斯乎讀是編者得其覺民之意則可矣

丁巳清和後五日後學祁承㸁識

於一貞亭

# 鄒先生語義合編序

葢邦華弱冠從吾師鄒先生遊而竊窺先生之學之大也已浮沉仕籍每奉先生教而竊窺先生之學之日化也比謝事歸而先生之講義語錄爲門墻士所彙集而合梓者已裒然成帙矣華不侍先生皋比十餘歲纔開

卷如凉風生両腋徐讀之如遊子萬里尋家而忽望其舊國邑也乃作而嘆曰有是哉先生振世覺民之心之無窮也今天下宗門之盛篾踰姚江姚江良知之指會其真諦可以直證元本溺其影響終至墮落坑塹說者謂姚江學脉伸於吉州不知吉之先

輩率從收攝蓧聚中多所自得而矩矱罔尺寸軼故有功於聖統而不必示異於姚江謂姚江合符吉州可謂吉州自爲吉州亦可乃若先生天授奇穎志鋭而力厚自憂患備嘗悟門轉超故其學以透性爲宗而以生生不息爲用以一掃葛藤直窮無始爲

歸而以規員矩方慥慥皜皜爲鵠顯微動靜融爲一致內外體用會爲一原其精實嚴密伊川紫陽無以加而其超脫直截寧惟比肩濂洛臨汝諸君子卽晋而伯仲顔孟揖讓於闕里之堂顧不優哉是以海內學者或以流淚決性命之防而先生有範圍在

或以膠執增本來之障而先生有鑪鍾在然則先生何必宗良知何必非良知譬之耕者有美種焉姚江植之荆棘林莽中亭然獨秀而世顧多認取未確一切舍菑基捐灌溉以任情爲直養而不知根荄盡斵先生擇此甚精葆此甚固疆畝之陳修稂莠之

翦除秩然森然以故發榮鬯茂天下始共知有大美而不疑是姚江之學藉先生乃行而先生之學固已包孕姚江俟百世而不惑矣讀語義者其尚知先生之功在斯文如此其鉅矣乎雖然道不可以言言也不可以聞聞也得其解者默識已證先天六經

真我註腳剝性自性命自命置尊於
衢行者斟酌焉冷煖甘苦人不能代
之口也懸燭於庭四壁取照焉明昧
遠近人不能代之目也先生諄諄然
剖鴻濛之秘藏抉千聖之奥緒微言
顯證旁引曲喻無非懼正學之將湮
憂人心之長夜故閔閔皇皇若建鼓

求亡如恐不逮第其所可窺者在語義中而其所不盡傳者在語義外會其神則語義之中有先生而先生之外無語義涉其跡則離語義而先生遠泥語義而先生益遠子不云乎吾無隱乎爾而他日曰予欲無言故性與天道子貢以爲不可得而聞先生

亦有言凡學從言語文字入者亦從言語文字而悟從言語文字悟者亦從言語文字而止至哉斯言學者能直前承當契先生所不盡傳之秘當知是編如筏喻者迷關既渡無筏可執庶幾先生振世覺民之諄諄爲不孤乎華愚何知則於及門諸友生切

切然惟日望之矣

戊午夏五日眷門生李邦華頓首書

讀

南皋先生語義合編賦五言古寄贈

兼劉高第吾宗子秳文學

中天已云遠精一誰與傳重光在洙泗萬古攄一肩其書經秦火不絕僅餘煙聚奎屬宋室文成接真詮猗俞鄒夫子興起畫先天圖衛當增益何

異遭古田有如設摇井九軔斷及泉又如陟五岳靡不窮厥巔亟滲千古骨祖派的不紹青原執牛耳渥者滕雲連阜攤數十載金石直可穿易簡乾坤得中平道豈偏傳習兹垂世曰月睹重圜跡獨劉城子論定出同年俾余個中鑄失得我同然試懸五都

市帙掛此斗邊曾揖我濱海吻遊鄒魯前毋沐弱子澤先大夫愿賜墓表乃云千里敢比肩高第者誰子吾宗根久延一旦揖相示令我頓遇儼鄙吝不復生敢不奉周旋庶幾歸陶範七尺非棄揖羹墻儼如見堯舜奚遠為其心至今在得魚可忘筌歸告余夫子吾道

歸合編瀟〻風雨淩二曜滿前川

萬曆四十五年歲德丁巳五月念九

日閩桃源天風子李闇芳伯東

甫頓書

小作題

鄒南皐先生講堂請

郢政

宣聖去已遠正學多荆榛嗟哉世儒生空與糟粕親涓川在懷中含櫟問鮫人咲彼愚公山老昧襄城津鄒生起吉水矢志効先民探討入無間奥

旨得其真箎仕正人綱慷慨以批鱗
全生天地德居夷歲月新家家青衿
子執贄河紛繽講席遠塵囂堂構傍
城闉睥睨千峯合臺隍一水瀕旦夕
聚羣英至理得而陳無欲堪作聖扶
機在求仁君子用變夷誦法以書紳
勝蹟匹龍場千載若比隣　戴熼

# 刻鄒南皐先生語義合編序

士君子立言亦甚難矣夫言以詮道而多言亦所以晦道尼父曰為不厭誨不倦而先之曰默識既以學之不講為憂而終之又曰予欲無言可玩已夫惟善學者得其言而悟其所以言復悟其所不能盡言斯是術也文

江都南臯先生名傾中外養高衡泌一切名位世味俱澹然不以攖念獨惟是直承正學闡道淑人以家執經口難者屨滿戶外而先生闡析疑義扶翳披霧人人皆虚往實歸說者謂今之青原文水不殊昔之杏壇化雨豈其然歟其證學諸論大都具願學集

中而此之語義合編則先生所與及門士答問講義彙而成帙者今一卒業問廣大悉備大抵先生之學以透性為宗以宗為教故無教非宗即體即用即下學即上達其實隨實證無一不歸之日用倫常而其活活潑潑之元本本無間渙神化挾性命即隱若與

渫微為聲歎人若輿隸物若飛潛無一不歸之天則明命叙意隨言纖則如斐旻之舞劍遇乎便砍歘忽晃詡令人意失或意超言表則如由基之善息引矢不發而巧力躍如其在善悟者睹指識歸為採曰濛澗洸光咸池閣罥幽渫之六舉為之昭蘇昂不

善悟者亦由此端知之際如開門見
山渡河得岸慿其階級可循步超斯
真後學司南哉雖然先生以振世覺
民之深心固不得已相迫而有言顧以
透性傳宗之奧詣又豈徒以言言守
子輿氏曰梓匠輪輿能與人規矩不
能使人巧易曰默而成之不言而信存

乎洫紵則在乎讀先生言者之自悟耳概輓近談學亦多岐矣歸云虛無非不高極無眇細入無倫而按之如蒙霧觀花隔鞾搔癢及之身心性情多而牴牾其失也蕩即有實脩行持者而見地未超每多支離粘縛之若其失也陋至於以詩解自鳴者又漫意

見橫生有所聞復有所執未免迴賊
徒子岐路亡羊之弊其失也錮試繹
先生與友人論學曰吾儒無素位外
性命又曰道與學一有名相終隔千
山萬山其敘宗儒譜畧曰學者由
茲宗傳直發本心頓息諸見揖唐虞
周孔在斯須間若復辨儒釋較同異

意之爲害去道愈遠味斯訓也固信學之須針而末流之砥柱也要之意見害道爲毒更烈蓋自姚江以良知一脉提醒人群及门戕半天下乃未窺閫奥者亦不免以伸陸次朱爲疑城獨我吉州先輩多鄒歐兩文莊羅文恭等咸信姚江宗旨不疑顧每以躬

體為符證文恭有曰世那有見成良知須從收攝保聚中來先生妙契象山獨證良知精詣至如紫陽格物窮理之訓為後儒異同者亦反直窮其誨人無已之心而並伸之於是姚江之傳始盡人尊信無疑故人謂我吉州之理學有功姚江而先生合證橫發

觸處靈通而爲翼與聖真振絶學於
厥功更偉不啻與姚江爭烈矣學者
由先生言以悟其所以言與其所不盡
言斯刻所云珠非象罔不與其與買櫝
還珠者何異余刻先生願學集並翻
刻是編以廣同志且祈交相勗焉

己未春仲月眷晚生龍遇奇拜手書

# 南臯鄒先生語義合編目錄

# 南皋鄒先生會語合編上卷

龍華密證

水有源木有根學有宗學不通宗者終身與道遠人之于事有欲則繁無欲則簡人之處事有欲則難無欲則易人之觀人有欲則昏無欲則明人之處人有欲則僞無欲則直欲之利害介然如此（全得濂溪宗旨）

友問學要積累如天行健先生曰天行健却不是積累得來生生化化只是自

以情識與人混者情識散時如湯沃雪以性真爲
世游者性天融後如漆固膠
天無心以人爲心外人而言天者不知天者也善
事人即善事天心無體以倫物爲體遺倫物而
語心不知心者也盡倫物即所以盡心
五倫是真性命詞氣是真涵養交接是真心髓家
庭是真政事父母就是天地赤子就是聖賢奴
僕就是朋友寢室就是明堂平旦可見唐虞村
市可觀三代愚民可行古禮貧窮可認真心疲

癃皆我同胞四海皆我族類魚鳥皆我天機要荒皆我種性

問爲之不厭是何事鄒子曰知爾之厭則知夫子之不厭矣今世從形迹上學夫形迹聖人之蘧廬也可以一宿不可以久處所以厭聖人獨從天地生機處學生機自生生不已日日此生機時時此生機歲歲此生機不知老之將至安得厭

善處身者必善處世不善處世賊身者也善處世

者必嚴脩身不嚴脩身媚世者也乎不善處世總之脩身未嚴

古之人有事親小心翼翼純一不巳者乎學之未能也古之人有從兄不二白髮如赤子者乎學之未能也古之人有惻隱惟恐一物有傷卽僕厮不慢者乎學之未能也更說甚讀書博古

學者有志于道須要鐵石心腸人生百年轉盻耳貫乎自立

人在仕途如入淫房酒肆有能不醉不亂者吾願

與之爲友

後生不信學有三病一曰躭閣舉業不知學問明如以萬金商做賣菜傭二曰講學人多迂濶無才不知真才從講學中出性根靈透遇大事如持湛盧刈薪三曰講學人多假不知真從假中出彼既假矣我棄其真是因噎廢食也誦之躍然

今人得一器曰何代器得一画曰何代画以是博古予咲之古聖傳來混沌心任其澆漓上祖傳來忠厚風任其斲削是所謂反古之道

問尊德性一節功夫句句要做鄒子曰做了尊德性又做道問學一日之間了得東丟却西終是沒頭學問

問佛家輪迴信否曰奈去者不囬無從討實信予只信孔子未知生焉知死曰問無襍念夜間夢亦清日間憧憧夜來擾擾今生前輪迴諱死後輪迴愚矣先正云縱使有地獄不應吾輩入信然

問儒佛同異先生曰且理會儒家極致處佛家同

異不用我告汝不然隨人口下說同說異何益

有歌胸中一點分明處者問如何得分明先生曰要胸中分明愈不分明須知昏昏亦是分明不可任清明一邊昭昭是天冥冥亦天

人爲聖爲賢爲仙爲佛最初一念便是終身結果吾輩不能成立只是未有真志

馬上最好用功未可放過若待到家休息便是馳逐

老成持重與持位保祿相似收斂定靜與躲閑避

事相似謙和遜順與彔媚諂俗相似中間間不容髮非研幾者鮮不自害且害人

說清者便不清言躬行者必未躬行言知性命便未知性命終日說一便是不一終日說合便是不合但有心求求不着便着

人只說要收斂須是有個頭腦終日說話終日幹事是真收斂不然終日兀坐絕人逃世外面是個實裡面是包草

橫逆之來愚者以爲遭辱智者以爲拜賜毀言之

集不肖以爲罪府賢者以爲福地小人相處矜
已者以爲荆棘取人者以爲砥礪（滿界黃金）
涙子揮百金爲草芥富人護粒米如性命饑者得
一粿若粱肉貴家以海錯當常餐嗟嗟物之不
得其平如此
天生賢者所以教愚者賢者而自私其善子孫必
愚昧更甚天與富者所以周貧者富者而自私
其財子孫必饑餓而死予遍觀世界往往在覩
賢且富者可思思

十分縱談時不盡十分縱談話十分順意時不作
十分順意想十分得爲時不幹十分得爲事此
是大福氣的人大德量的人

爲祖宗養窮人爲祖宗教愚人爲祖宗化惡人爲
祖宗容橫人爲祖宗培善人自家而外皆若是
天地是我大祖宗天下人是我一家大衆子弟
此是何等心腸
乃見真學問

目無青白則目明耳無邪正則耳聽心無愛憎則
心正置身天地間平平鋪鋪不見崖異方真是

爲巳之學

世學者好説嚴毅方正寻思與造物者游春風習習猶恐物之與我拂也忍襲嚴毅方正之迹哉苟未有嚴毅方正之實而徒襲其跡與人隔絶何啻胡越

未知學人却要知學既知學人却要不知有學未脩行人却要脩行既脩行人却要不知有脩寻見世之稍學脩者嘵嘵自别于人其病與不知學脩者一般有甚差别

予閒居別無得力處覺得本分二字親切做本分人說本分話行本分事本分外不得加減毫末識得本分更有何事

道無揀擇學無精粗下學便是上達非是下學了纔上達若下學後上達是作兩層事了

予觀世上人受用長遠者未有不是心田寬平有一分心田自有一分受用如鼓應桴不爽

爲病而設方者病已方可除執方而病增矣爲津

而設筏者津渡筏可舍執筏而津迷矣聖賢之
言教人類如是
四鄰日日見有死者常于此儆省自無歇手處耳
人生世間如草上露有若多光景善謀生者萬古
流芳一日不善謀生者一日遺臭千載
今世所謂高明者發揚莽蕩而已所謂沉潛者包
瞞柔媚而已發揚莽蕩者一收拾便可回頭入
道若包瞞柔媚者其骨髓率難抽故聖人取狂
取陽

學問原是家常茶飯醲釅不得有一毫醲釅與學爭遠

氣勿浮浮者如萍之浮蕩無根勿露露者如根之暴露難成勿揚揚者如塵之飛揚無止君子欲沉欲深欲渾欲宻欲邃欲斂欲定

一人苟能改過遷善昨日地獄今日天堂昨朝屠估今日佛子故曰雖有惡人可祀上帝吾輩不可以舊惡棄人夫人不可以舊過自棄

衣煖而不憫寒者文繡而土木也食飽而不念饑

者禽畜而嚶啄也天與人五官五常土木耶禽
畜耶
道無對待有對待者非道也學無等待有等待者
非學也
今之大老動云後生浮慄無前輩風範不知前輩
老者作事可觀立朝有法居鄉有度見後輩多
少接引誘掖心腸今却不免忌嫉心在挾長挾
貴要後進依附爲用有志之士寧甘踈遠之嫌
耻作趨炎之態正好自責未可歸後輩罪也

康五峰老而聾請曰不得聞先生教奈何先生啓手曰不聞亦式

學人最患無志猶最患無知與無志人言難與無知人言猶難之難無志人一旦發念如稿木得雨發生有自無知人終身自是臃腫朽木雨露之潤不得成材

吾儕須作升手升脚學問今人瞑了目合了口拱了手齊了足自以收斂之極不知中藏多少不好在有道者視之秪是作僞

燕臺會記

吕新吾云四勿功夫亦時時少不得先生詰之曰兄此時與吾輩言亦與吾輩應酬目又視我耳又聽我視聽言動一時齊發豈是做了非禮勿視又做了非禮勿聽做了非禮勿聽又做了非禮勿言動此時不可不省察

吕又一夜過先生曰孔子與下大夫言侃侃如也與上大夫言誾誾如也若錯了便不是先生曰與上大夫言有時侃侃亦是誾誾與下大夫言

亦有時闇闇亦是侃侃須要識得此意若一味侃侃闇闇上至于畏下至于陵了所以斟酌其間者是箇甚

呂云知行還是兩箇先生曰是一試言之呂云我攜盒來兄這裡初然意思要來後偶有羈絆未得來畢竟是未行先生曰畢竟是未知呂云如何是未知先生曰畢竟是當初來這意思未真若意思來得真縱有天大事必要來了是知即爲行若來這裡是爲何事無非彼此商量學脉

非爲商量學脉來這裡做甚是行卽爲知若知是知行是行知是想行是實周子曰來固是行有事不得來止亦是行

孟我疆曰如何是道心人心先生曰不由人力純乎自然者道心也由思勉而得者人心也

我疆問孔子云正目而視之不可得而見也傾耳而聽之不可得而聞也故曰視于無形聽于無聲子思發之爲不覩不聞陽明又云君覩聞一于理卽不覩不聞也果從孔子之言乎抑從陽

明之言乎先生曰孔子懼人看得大粗了指隱處與人看陽明恐人看得大細了指顯處與人看其實合內外之道也

近日有一二人彼此相优借予短之以助其焰予見一大老不覺發誓旣退自悔曰予自待其身之薄如此予果無是事卽彼疑我予受之已矣此還在世情上毀譽間起念非老父仁子也猛省猛省

孟我疆問何以做爲善功夫先生曰有幾樣有一

樣錮蔽深重將平夙習氣從平旦猛省是學者爲善有一樣直養平旦之氣無害是大賢爲善若舜之爲善直是通乎晝夜耳

## 南都會紀

一友曰予口雖與先生話余心下在做工夫先生曰然則兄心口不相應了

友問吾有知乎哉叩其兩端而竭焉先生曰鄙夫只爲有這兩端所以未能廓然聖人將他那兩端都空盡無餘了同歸于空空曰然則致知之

功如何曰聖人致之無知而已曰然則格物之
說如何曰視之不見聽之不聞體物而不可遺
洋洋乎如在其上如在其左右此真格物也

龍華會紀

楊如石問格物之說有云今日格一物明日格一
物久則自然貫通者有云格其不正以歸于正
者有云格式者有云格者通也通吾心宇宙之
故物者其說不一將何所從先生曰學在識仁
識仁則無之非是不識仁則無之而是

劉開卿問夫子時言仁又曰子罕言仁何也先生曰子且識仁生曰何曰夫子發揮仁再無過仁者人也一語透洩殆盡當時我看仁做箇幽深玄遠是奇特的東西如今看來我輩在一堂之上卽是仁再無虧欠切莫錯過

解見仲問夫子只言仁之用何以不言仁之體先生曰今人作體用做兩件看如何明得余近來知體卽用用卽體離用無體離情無性離顯無微離已發無未發非予言也軻氏曰惻隱之心

人皆有之羞惡之心人皆有之恭敬之心人皆有之是非之心人皆有之繼之曰惻隱之心仁也羞惡之心義也恭敬之心禮也是非之心智也諸君體會自見

曾生問日間生機時有開發柰不接續斷何先生曰無斷續者體也有斷續者見也曰功將何處曰識得病處即是藥識得斷處就是續

諸君歌請君隨事反身觀之句先生曰先賢詩不是漫作的諸君要自體會一堂之上有問即荅

茶到卽接此處還添得些否此理不須湊泊不須幫貼

先生曰此學不是漫說的如平素不能處家庭里閑却會處家庭里閑平素不能忍耐從容却能忍耐從容此便是講學之益不然與不學人奚別學先變化氣質爲第一義

劉懷蓮論心性有不同先生曰只一無二曰有謂心在性先者有謂性在心先者曰性在心先此祖天命之謂性而言也心在性先此祖生之謂

性而言也予竊謂先在知性軻氏曰盡其心者知其性也盡者了無一物渾然太虛之謂心性亦是強名諸君聞之躍然

## 玄潭會紀

邑學諭劉君問曰日間苦心出入不得停住先生曰心體本無出入而意則有生滅復告之曰公知亡即是存知出便是入

瑞金朱英儒問曰孔子飯蔬飲水樂在其中顏子簞食瓢飲不改其樂曾點童冠偕春其樂何如

先生曰昔人云欲知孔顏樂處樂先知孔顏憂處憂見臺公云蔬食飲水卽是樂非是蔬食飲水外尋討一箇樂先生曰然

盧陵胡瑀重問曰孔子曰吾有知乎哉空空如也又曰屢空如今心中紛紛念頭如何得空先生曰公日間吃飯飲酒不礙胸中卻以意念爲礙胸中乎且有酒于此盃中不空矣纔飲乾便空是酒自乾乎是子飲而空乎畢竟子飲而空曰說不得空爲仁由已可不體認

求仁會紀

康五峯問曰先生師門之光宜何以教我先生曰先生年七十餘孜孜矻矻斯會即不開口一字有餘師矣

康生問其心三月不違仁仁與心何所分別先生曰公適走上來問豈有帶了一個心又帶了一個仁來公且退

康生問克己復禮爲仁己所不欲勿施于人二己字同否先生曰明道已詳言之矣克己復禮乾

道也主敬行恕坤道也乾爲先天之學坤是後天之學孔門惟顔子領悟得先天然乾中有坤坤中有乾分不得

胡生問參乎吾道一以貫之曾子以忠恕發之語云忠恕違道不遠則忠恕似未足盡一貫先生曰我昔日不能無此疑近看來曾子見得條條是道故近取以言之雖然諸公不要去標一貫且體忠恕如恕字一生受用不盡我平生覺得處人處事只是不恕恕者如心之謂人只是要

如巳之心不思如人之心如巳如人均齊方正
更說甚一貫孟軻氏曰強恕而行求仁莫近焉
先生曰其爲物不二則其生物不測二則對不二
則無對須知生物不測卽是爲物不二離了生
物不測別無爲物不二篤菴以爲然
青原問子會約內三悟語何所別先生曰總只是
一悟子當時無柰何說此三段使人深思自得
耳又問曰脩與悟有別乎曰離悟無脩離脩無
悟大段只是不奮故曰不憤不啓憤則自悟自

脩

蕭生問曰學不長進有三憂憂似憂懶憂非似是而非若精神懶散世間譏訕有此三憂如何制

先生曰總只是一憂總只是憂非非與是對不見學之是只是不信子曰人而無信不知其可也若信我身便是堯舜禹湯文武之身自然不肯安于似是而非自然精神振作自然一家非之不顧天下非之不顧

有布衣曾廬墓敦古行聞先生言來聽教請曰脩

巳以安人有脩巳之心便有安人之心我里中人不安者甚多如何筭得脩巳先生曰我二十年前熱中亦欲安人今安不得且歸來我與公且論脩巳脩巳之方在思不出其位在素位而行公且素位老實以行誼表于鄉便是安人不然你欲安人別人安了你先生知其欲犯里中豪勢故教之以安身之道如此貽爲善錄一冊其人欣然而去

蕭生問學貴磨練請問磨練之方先生曰公身上

有痛否蕭生曰將手去撫有癢將何處蕭生曰將手去搔先生啓手曰陽明先生云自家痛癢自家知痛癢何須更問爲君要磨練還請自磨練

塘南先生問佛法只是一死生動人故學佛者在了生死遍問諸人未荅先生曰人只是意在作祟有意則有生死無意則無生死

鐵佛會紀

歐陽明卿問曰釋氏不可以治天下國家先生曰

子何見其不可以治天下國家曰樣樣都抛了曰此處難言有飯在此儒會吃釋亦會吃既能吃飯總之皆可以治天下國家子謂釋樣樣抛了不可以治天下國家儒者樣樣不抛又何獨不能治天下國家

問今人如何心與孔孟不同先生曰公若以心與孔孟不同只恐心來告冤亍試問公孩提下地來叫一聲孔孟此叫今人亦此叫見父母知愛戀孔孟此愛戀今人亦此愛戀見兄愛敬孔孟

此愛敬今人亦此愛敬如何不同曰然則卒不同何耶曰庶民去之孔孟存之曰何以去何以存曰去者迷也存者悟也

又問曰王味菴教人只是靜坐日間苦思慮不了私欲不斷先生曰私慮不了私欲不斷畢竟是未曾靜未有入處若靜到心明我亦無以告子心迷則天理爲人欲心悟則人欲爲天理

觀闡會紀

安成豐成卿曰門生昨赴會舟行遲暮夜覽寄酒

肆遇有演傳奇者心極欲看旋思曰本來入道德之門柰何置身分雜之場克制之而欲看之心未已果欲看爲真心乎抑不看爲真心乎將以欲看者爲真則已馳其心于無益之觀將以不看者爲真何此念竟不能釋先生曰子初入門宜以不看爲是若論真心如蓮花出水淤泥不染不看亦無加看亦無損

又問曰學未有不由師傳者然見師曰少別師曰多若以心爲嚴師師心自得又恐流入曲徑求

一指歸先生曰爲仁由己心爲嚴師此語千古的訣孟氏曰子歸而求之有餘師此語不是誑曹交若肯學則家中童僕皆師也矧曰父母兄弟

又問曰心何以謂之盡性何以謂之知釋何以謂之明見道何以謂之脩錬同乎異乎先生曰我說與子何以謂之盡謂之明謂之錬是我的明與盡與錬與子無干子且今從何以盡何以明何以錬實落做去必有歸一之路

問覺與悟有淺深否同異否先生曰小覺則小悟大覺則大悟又問曰克已復禮乾道主敬行恕坤道何以有乾坤之別先生曰乾道是率性之謂道坤道是脩道之謂教究竟眼明後實無分別又問曰明道云仁者渾然與物同體何以能與物同體先生曰子且從恕處行強恕而行求仁莫近焉近仁則自然與物同體矣

又問曰會約先悟從何處悟起先生曰舜何人也予何人也舜為法于天下可傳于後世我猶未

免爲鄉人也悟彼獨何聖而我獨何愚便當發一箇憤又問曰會約重脩不知從逐事逐物上脩亦不知以心宰制萬物謂之脩先生曰心與事物無間除却事物外無心以一心宰制萬物亦不是將心與事物奏合是即心即事即事即心非二之也

大樸會紀

江起潛問亦足以發先生曰聖人之學無意之學也不違如愚無意之教也亦足以發無意之發

也人只在已發處學誰向未發處學

江生問盡心知性知天先生曰今人以胸中爲心
子且胸中乾淨得來我與爾說知性性從生目
視此性也耳聽此性也手足運動此性也子于
此處時時體貼有日自知性知性則心自盡即
心即天

江生問生之謂性先生曰此章書告子說得不錯
只是當時欠一承當如以白雪之白白玉之白
白羽之白子謂有異乎無異乎將物打在身上

牛此痛犬羊此痛人亦此痛但人得其全物得其偏先正曰盡人之性盡物之性物豈無性

常熟秦子澤問天下歸仁先生曰子無得看歸仁是奇特事胸中有油蔴大外面有天大子齋中有諸友與諸友相處無一毫間隔即是歸仁與妻子僮僕無一毫間隔便是歸仁若舍見在境界說天下歸仁越遠越不着身學問不是大奇特事聖賢設教不是玄遠的說子且從日間現境看起

江起潛問堯舜其猶病諸先生曰此非夫子不能道夫子不曾居堯舜之位却能透堯舜之心堯舜心實是有病且道堯舜在今日心有盡時若他人則便以堯舜驚倒了

歐陽念中問回也其庶乎屢空庶乎還有着落否先生曰若庶乎有着落卽是子貢貨殖安能得屢空

歐陽憲明問蓋有不知而作之者一節先生曰不由聞見直任知體此聖人之知也因聞見而有

者知之次也

同仁會紀

辛丑冬同仁書院落成大會先生偕同年羅給諫至席間覩曾見老條件有不得護門面相心喜因請教諸君曰余輩當作樂天學問近日只要人畏天自家再不肯樂天樂天者有保天下之氣象何等廣大畏天者只是保一國之規模何等局促若自家不肯樂天久之天威至不怕你不畏時演泉周先生在坐欣然曰良然良然吾

鄉近日處事有科第人家無科第人家故家及非故家人衆寡力盛衰大體截然分別斲削元氣先生曰吾輩若不作主張人寡力弱之家有事不幸遭強盛之家處得無轉身地同黨又欲從而加威恐怕得罪於天吾輩今日在此講學學此仁仁視天下皆吾一家一隅之地大段以扶弱恤小爲主學從此路使鄉邦實受其福方爲真會真是同仁卽仁卽聖不然縱説心性入微眇總是閒語愧彼自好不爲者爭遠矣

# 玄潭會紀

壬寅春金山人安一在座述粤中大會吾友楊復所數日只是講學而時習一句再無奇特語先生曰君薄此數字耶孔子聖只是一時字易每卦必贊曰某之時義大矣哉無論此兩日說經年說不盡終生說不盡千生說不盡天高地下日往月來春生夏長秋收冬藏鳥語花香魚躍鳶飛說不盡堯兢兢舜業業禹孜孜夫子發憤俱爲此一字不得親切學而時習首章至末曰

山粱雌雉時哉時哉噫其義微矣

## 青原會紀

壬寅秋先生赴青原會偕門人謝生郛梅周布衣在中同舟艤永和遲諸邑同志數日無一至者問之則以青原疫盛諸僧病不能起者衆遂止劉野儒指竹林間茅屋曰此故宋丞相益國故宅遺像儼然予偕三四人晉謁貌古剝落殘垣敗壁不足妥先賢靈因與二三君言曰大凡人生多才之地往往爲人所掩益國在宋亦謚文

忠今人多知歐文忠以文忠勳文出益國上益國亦爲丞相人多知文丞相以文丞大節出益國上若益國在他郡其隆祀不知何如然予讀益國籍在宋無有留心出世之學者此老于此學獨深近諸君既搜其遺言剞劂以傳亦安知無專祠以祀豈精靈秘久始洩耶譚罷各歸舟欲返先生告謝生曰君豈謂以赴會來不會便即索然耶此道不以一人損不以多人加不以言有不以不言無嘗知無人無我無會無不會

方爲不可須臾離如此則時時必有事焉周布衣曰卽此會至矣書之以告同盟

癸卯秋先生偕陳繹曾劉汝一解士儀董淑脩赴青原繹曾問曰志氣之帥氣體之充又曰持志無暴其氣功夫何似先生曰此有兩項有因持志入者如識仁則氣自定有由養氣入者如氣定則神自凝又有由交養入者如白沙詩云時時心氣要調停心氣功夫一體成莫道求心不求氣須教心氣兩和平此是先輩用過苦功語

可用雖然此是調停大音希聲不調自合能直
透心體不必言持志亦不必見無暴矣如告子
不得于言四句功夫亦細此是休役法未可盡
詘亦須事領畧士儀又問志道據德依仁游藝
章先生曰此不必別看道即五達道除君臣父
子夫婦昆弟無道德即三達德除知仁勇無德
仁即德中之生意處游藝即道全德備仁熟之
至除道德仁無藝邵子弄丸安樂窩中即此意
董淑脩問吾道一以貫之之義先生曰子未便

悟一貫且一味從忠恕做去子貢問一言可終身行只在一恕我輩只是一恕則天地民物打成一片何者不貫得

問仁會錄

問明明德有云人之所得乎天而虛靈不昧者有云卽良知者有云乃行道而有得于心如智仁聖義中和之類若虛靈乃心體良知乃知體俱難名德必正之致之乃可明德者有云明德者顯道也書曰天有顯道厥類惟彰所謂君臣之

義父子之仁夫婦之别長幼之叙朋友之信天
叙天秩燦然而彰明者是也諸説孰是先生曰
諸説俱是既謂之德自然虚靈不昧自然良知
即知即仁即聖即義即中即和在父子則親在
君臣則義在夫婦則别在朋友則信在長幼則
序致之正之明德之功行道而有得于心此語
要善看若心中有得不謂之自得自得而後謂
之明德
問明德之訓朱子云人之所得乎天而虚靈不昧

但爲氣禀所拘物欲所蔽則有時而昏羅近溪先生却云氣禀不能拘物欲不能蔽無時而昏二說孰是先生曰氣禀不能拘物欲不能蔽語體也然有時而蔽有時而拘者非本然之體學在識此體融則爲水凝則爲氷水與氷有二哉識此則更不必以明德明德矣儒者頭上安頭樓上架樓二之也

問氣禀所拘物欲所蔽二語孟子云耳目之官不思而蔽于物則爲物欲所蔽者有之若云氣禀

所拘則孩提稍長無不知愛親敬兄孺子入井無不有怵惕惻隱呼蹵之與雖行道乞人所弗屑受何嘗有氣稟之拘乎先生曰孩提愛親敬兄孟子指其天然不費人力處要人認怵惕惻隱及行道乞人弗屑此如水上浮萍忽被風吹見水從風吹見水處不蔽始不能拘不然混入識浪去

問必慎其獨有云獨者人所不知而已所獨知之地故必謹之于此以審其幾近遂有以念頭初

動處當之者又有云誠意之功須先其意之所未動而誠之若待善惡既動而後致力則已晚矣果若此則愼獨之功從何下手先生曰國君好仁天下無敵無敵眞愼獨也人所不知已所獨知多流入識神去先其意之所未動而誠之愚謂既云未動誠將何下手莫若易誠而識之即伯子識仁之謂未發前觀何氣象意思善惡既動而後致力則已晚矣此爲老學者言初學者既發後肯致力亦佳

問心不在焉食而不知其味與子在齊聞韶三月不知肉味其不知同否先生曰心不在焉食而不知其味此凡人也聖人三月不知肉味愚謂不知有肉味也如人一心齋蔬那知有葷味意若肉到口不知聖人與逐物者奚異

問子思子云天命之謂性性命本來是一孟子却云性也有命焉命也有性焉又似乎有二若何先生曰性有以生生言者有以寂然不動言者命有以主宰言者有以流行言者性命原無兩

子思與孟子言有先後或各有所歸子思所謂卽寂然不動之旨孟子則以流行中言性此卽別得明白亦是閑說話身上體貼得受用得是真性命

問未發之中陽明先生以爲常人未必有此語然否先生曰常人未必有非無也常人有而未必覺也平旦夜氣卽未發之中

問鬼神之說經傳所載甚備故古聖制爲祀典亦甚詳今學者多言無鬼神輒以司馬氏形既朽

滅神亦飄散之說爲辨若然則精氣爲物遊魂爲變之說非與先生曰學者言無鬼神此是擔板漢不知自已即是活鬼神一言一動一闔一闢即是鬼神肯信得身是鬼神自不肯虛生浪死

問中庸言盡性孟子言盡心盡心與盡性同否先生曰盡心由于知性知性方能盡心性無形氣心有知覺世有知心者知性者少知性過此以往未之或知也

問夫子三十而立四十而不惑然則四十以前乃在惑中立耶先生曰不惑即不惑所立者耳若未到知命耳順不踰矩地步即七十亦有惑但聖人所謂惑微細惑爲入道之地吾輩不得進只是不肯疑疑到死方謂之聖人再無有自足時節

問夫子曰朝聞道夕死可矣敢問何如謂之聞道先生曰請問君喫飯問我何以爲飽予實未聞道無可奉告待聞而與君言有叩鐘于此君聞

聲乎是時作鐘想作聞想作非鍾非聞想
問曾子云夫子之道忠恕而已矣夫子却云忠恕
違道不遠忠恕與道是一是二先生曰一莖草
多少生意謂忠恕不是道乎違道不遠學者之
忠恕也聖人忠恕卽道無二見
問三月不違仁與日月至焉其心從何分辨先生
曰吾輩果百日精神凝聚卽知顏子如今精神
散亂卽日至有歉剟曰月至卽辯得明如貧子
說金不若從一息處卽能通萬古理會則不必

較計歲時乆近矣

問夫子樂在其中回也不改其樂所樂何事先生曰人心本自樂自將私欲縛私欲一萌時良知還自覺一覺便消除此心依舊樂樂便然後學學便然後樂此尋孔顔樂處真功我亦不知所樂何事

問夫子不夢周公莫已造無夢境界否先生曰縱與爾說得明終是說夢在

問加我數年五十以學易可以無大過矣豈聖人

前此尚猶有大過否先生曰易之體剛柔剛柔
惟趨時時過剛過柔者其常也而剛中柔中者
少聖人之過衆人不知過知過所以學易夫子
聖之時學易得來
問德性之知與見聞之知果有二乎先生曰德性
之知本體也見聞之知識神也迷則將賊爲子
悟則波即是水
問泰伯仲雍俱托爲採藥之行而仲雍斷髮文身
與後世出家脩行者何異乃夫子一稱之爲至

德一稱之爲中清中權何今之儒者于二氏者
流獨闢之先生曰子不闢便是

問博文約禮敢問所以博之約之者安在先生曰
博是誰博約是誰約能知博約者自知所在矣

問可與共學矣何以不可與適道先生曰可與共
學者意也不可與適道者意見横于胸中也共
學者如毛聞道者如角

問割不正不食近有解作割宰之割曰君無故不
殺牛大夫無故不殺羊士無故不殺犬豕無故

而殺謂之不正此此説殊有深意乃今有戒殺者
輒目以爲異豈習俗固難變與先生曰割不正
不食此解亦好世間有好生者有好殺者亦氣
化使然不足異也君子只救得幾分予初登第
思自己無功德何以有此既思之想是不曾遍
開剥狀世俗一中舉便爲人所迷椎牛開剥上
官不能禁開鄉里賊盜之端吾吉近中諸君子
皆有善根所以異于他郡邑者此亦其一端
問未知生焉知死何以謂之知生先生曰今有人

于此問知生死子告之曰子死乎曰未死曰何未死曰吾胸中耳目聰明色色如赤子時曰子知生矣知生則知死不必問我

問克己復禮爲仁朱子謂必克己而後復禮近有謂克能也已自也謂能自復禮便爲仁二說孰是先生曰能自復禮者可以語上也千百里得一人如比肩焉必克己而後復禮者初學援此拄杖便不跌倒無着落

問非禮固當勿視固當勿聽然亦有非禮之色非

禮之聲當前將視之聽之則非禮將不視不聽則當前其如之何先生曰視而未嘗視聽而未嘗聽過即化存即神此聖人事好聲亂色不留聰明學者且循着規矩去能日與賢師良友處何有非禮之聲色

問出門如見大賓使民如承大祭未出門使民時如何先生曰未出門使民時如何子作麼生不必問我我不能告之子猶子不能告之我自家痛癢自家知

問在邦無怨在家無怨必如何而後可以無怨先生曰只在學學則西銘一章在身上那更有怨在

問爲名與爲利雖清濁不同然其利心則一學必如何而後可以消去名利之心先生曰名利之心下地即有如童子得一摶黍即喜稱其好即喜此即名利種子欲消消不得必有所以勝之者看破是已看破則自淡淡得下方見得定此

樸實告子語

問夫子繫易曰君子多識前言往行以蓄其德乃語子貢則以多學而識爲非何與先生曰多識前言往行以蓄其德此大學也故曰大蓄多學而識此小蓄也識在前言往行之先則有默默如猫捕鼠之意識在多學之後則有貧子暴富之意

問夫子云性相近也習相遠也又云惟上智與下愚不移敢問其不移者性與習與先生曰不以習而增不習而減此性體之不移也語之善不

信語之惡不警此習之不移也今人能移不移
之習後能透不移之體
問六言皆美德不學則各有所蔽乃今反有以講
學爲非者何與先生曰以講學爲非者開目如
是請問其自少至老自朝至暮還作何事若是
庸人則其言不足聞矣蛟龍不與魚鱉鰍鱔同
作生計壁立首出始得承當
問群居終日言不及義與飽食終日無所用心兩
難矣哉同否先生曰無所用心至實在匱未爲

失也言不及義則取寶而焚之矣
問不知命無以為君子夫子云五十而知天命敢問其所知者何在先生曰日間問子以時義子必曰知問子以家宅鄉里事子必曰知此知之所在即命即陰陽五行之數亦天命說到知徹地少一件不得
問讀書而不明理豈非不得于言勿求于心乎先生曰不得于言勿求于心告子煞不在言下理會儘入細微矣不肖亦不曾得告子心姑且置

若讀書不明理說甚讀書

問氣體之充也直養無害何以遂塞乎天地先生曰試與子自朝至暮直養氣塞天地否不必設譬此是實事

問冉牛閔子顏淵善言德行其善言者安在先生曰仰鑽瞻忽博文約禮如有所立卓爾雖欲從之末由也已儘善言德行在

問宰我曰以予觀于夫子賢于堯舜遠矣孟子亦曰自生民以來未有孔子者也乃陽明子謂堯

舜猶萬鎰文王孔子猶九千鎰豈堯舜猶賢于文王孔子乎先生曰陽明先生亦是偶言未嘗以聖賢分優劣聖賢分量充滿各隨其時若論時唐虞與夫子爭遠

問孟子云五百年必有王者興其間必有名世者何由周而來王者之興不符其期而名世者亦不數數見也先生曰名世不係名位每一代必有司此道之柄者即名世也孟子看得到故自任

問孟子云飽食煖衣逸居而無教則近于禽獸又曰人之所以異于禽獸者幾希敢問所以幾希者謂何先生曰平旦之氣其好惡與人相近也者幾希子謂然否是否與禽獸異

問楊氏爲我是一于自私固不足道若墨氏兼愛亦庶幾與物同體之意何孟子闢之之深如此先生曰與物同體非以巳合彼之謂原自與物同體曰愛則着情矣然楊氏爲我非如人自私自利之謂是藏身之意

問自暴者不可與言自棄者不可與爲若今人之不樂講學與講學而不能實踐者豈非自暴自棄之甚乎敢問其病處安在先生曰不樂講學與講學不能實踐病痛亦只是自暴自棄試看近來笑講學者那箇不是氣粗暴的人那箇不是氣暴露的人如陽貨夫子遇只是遜不必與之言自棄總只是混過一生連父母都不想如人抛妻棄子流浪在外所以可哀說到此吾輩學不歸根此暴棄二字少不得

問雖有惡人齋戒沐浴亦可以事上帝若聞義而不能徙不善而不能改豈非下愚不移　先生曰齋戒可事上帝惡無根也下愚不移信不篤也

問子產使校人畜之池與高柴之啓蟄不殺同一意否先生曰柴啓蟄不殺一生是如此子產偶然如此生機則一

問不藏怒焉不宿怨焉與不遷怒不貳過者同否先生曰知有怒與怨則自藏與宿聖人所過卽

化顔子卓爾幾化矣
問先覺之覺與正覺之覺同否先生曰先覺而後入正覺正覺而後証先覺功無先後証有偏全
問事有鄉黨自好者不爲而讀書者反爲之其病安在先生曰病在不明理既明理自無爲其所不爲
問告子無善無不善之說與後世無善無惡之旨亦自脗合孟子辨之何與先生曰無善無惡從太虛一段元初說來告子學入于悟孟子性善

之論使學者有所持循

問孟子云求其放心邵子却云心要放明道先生曰既得後便須放開此意如何先生曰求其放心者使人知有心之可求也心要放者使人知無心之可守也

問盡心知性朱子夫能極其心之全體而無不盡者必其能窮夫理而無不知者也其意謂盡心必本于知性近儒謂能盡心者自能知性二說孰是先生曰心性二義隨人指點只要本地風

光明白

問殀壽不二脩身以俟之何以便能立命先生曰殀壽不二脩身以俟自有立命來相待子

問孟子云不媿不怍又云恥之于人大矣敢問必如何方謂之有恥必如何方可以無媿怍先生曰知學則知恥知恥而後可無愧怍

問成章後達與下學上達之義同否先生曰姑下學下學而成章卽是上達無兩義

問形色天性之旨何如先生曰學者透此一語學

無餘事卑者認着形色一邊高者認着天性一邊誰知形色卽是天性天性不外形色卽仁者人也宗旨

問堯舜之知而不徧物朱子云卽凡物之表裏精粗無不各致其極豈非徧物以爲知與先生曰堯舜所謂物卽曆象日月星辰治水土教稼穡人倫之類不在徧物惟在得人朱子所謂凡物却與堯舜之物爭遠

問陽明先生云濂溪明道之後還是象山只還粗

些敢問其粗處安在先生曰予亦嘗疑象山悟
宇宙即吾心語後未見大進總之西江人本色
無委婉一味直致如孟氏巖巖亦是粗處
問近世儒者有專詆儒者本天釋氏本心之說以
明宗者其旨然否先生曰天外無心心外無天
不敢異同
問孟子云由堯舜至于孔子中間若湯若文皆五
百餘歲由孔孟至周子中間若楊子雲王文中
其年數亦畧相符可謂得道統之傳否先生曰

須要曉得自堯舜至今日道統人人有分箇箇具足但有覺有不覺卽覺者亦有分數不可謂此知彼非知此覺彼非覺

問潛見惕躍之旨在人身何如用先生曰昔巳酉予在南都魏敬吾大理常提潛心于淵美厥靈根等語向予勉予當時只忽過自以爲潛不知日日時時發露人身日間受用只有一潛字能潛則見與惕躍不言而悟

問易曰積善之家必有餘慶積不善之家必有餘

殃孟子曰禍福無不自己求之者此亦因果感
應之理何今之學者于此則忽之于彼則否之
何與先生曰否者自否吾不能必之信信者自
信吾不能必之否關繫人夙因慶殃何自予歸
山十五年只信得感應二字
問蒙以養正聖功也養蒙者必何道而可先生曰
養蒙在正正在先擇儀形之人易初六曰利用
刑人以正法也巳說盡無餘
問易惟謙卦六爻皆吉若今之有德而遽欲上人

有才而遽欲凌人者其病痛安在先生曰有德遽欲上人不謂之德有才遽欲凌人不謂之才昔予里有萬石翁者予羡其富渠卽欿然驚曰予敢望某翁萬一渠真知某翁富于彼若眞知性海無窮堯舜而上有聖人那得不謙

問賁于丘園註云陰性吝嗇故有束帛戔戔之象又云陽主義陰主利同一性也何有陰性陽性之殊先生曰得先天性多者屬陽後天性多者屬陰陽主發散如斗墟是也

問七日來復之義何如先生曰七日來復此爲中
根人說有人于此所爲不善開心告語之渠泫
然泣下即刻來復矣
問人皆有知何有頻復迷復之殊先生曰頻復者
講學先生迷復者不講學先生共一知也在人
蔽錮多與少
問敦復之與敦艮是同是異先生曰今主祭者曰
復位艮則如陪祭者止其所也
問對時育物與傍花隨柳之意同否先生曰同與

不同明道先生知之子且傍花隨柳時看如何作主

問無妄卽真若欲存真則爲無妄之藥得毋無病而自創否先生曰無妄之藥不可試也身有之故如無病人不可服藥若滿身麻木不藉此語

問咸感也感字從咸從心知咸之義者其知性之體乎然否先生曰知咸之義者未知性之體感人心而天下和平始知性之體咸感也子輩與人未和平說甚知性體

問初之閑有家與蒙之養以正其義同否先生曰
未有閑家而不養蒙者養蒙閑家一道
問君子維有解有孚于小人乃有去佞如拔山者
其故何也先生曰欲去佞所以如拔君子惟有
解解者悟也悟則不以小人待小人所以孚小
人
問懲忿窒慾與遷善改過其用功同否先生曰且
問是誰人用功有何不同
問居德何以則忌先生曰居官有德上之功也居

里有德人之功也大德不德是以無忌居德則忌有已也有已則忌今講學先生不自知與愚夫愚婦同體只要居德所以取忌

問處困則有言不信若遇宗社之變親朋之失亦可以無言否先生曰有言不信任自信何如自信則遇大變自能斟酌

問艮其背何以不獲其身行其庭何以不見其人先生曰此死功夫也若時止時行其道光明何止無咎

問頻巽之人與頻復者有優劣否先生曰巽而後入復小心謹慎之人從此復有機

問豚魚無知之物尚猶可以信感乃有人而有知反不可以誠動其故何也先生曰畢竟未誠在不然不動之一時而動之千萬世

問乾知大始註云知猶主也若然何不云乾主大始而必曰知者何先生曰舍知無主知而曰乾豈尋常知識之知一畫卽六畫一卦卽六十四卦并知大始如何

問原始反終精氣爲物遊魂爲變之說與相氏輪廻之旨同否先生曰信者自同

問繼之者善註云繼言其發也若然則本來非惟無惡亦且無善此正所謂至善無善者也乃後學紛紛是非何知先生曰今人曰繼于善而曰繼即落二義有後與前自然紛紛亦少不得怪不得他若從空山下走過豈肯謗正道理

問著本無知何無遠近幽深遂知來物先生曰若著無知何以使得人筮物無體以人爲體

問洗心藏密其旨何如先生曰有學可循是曰洗心無心可洗是曰藏密

問即上即下即器即道曰形而上形而下是一是二先生曰在人信得及豈口頭說得是一是二信得者說二是一信不得者說一即二

問天地之大德曰生伏羲氏何以教民犧牲教民網罟先生曰須知天地之德殺亦生也聖賢落地各各有因而來

問天下何思何慮君子何以有九思大學何以曰

慮而後能得先生曰思思此不思也慮慮此不慮也未能九思與慮坐無事牢中等待何思何慮如農夫臥牀手弄鋤頭待有秋也

問上交不諂下交不瀆何以謂之知幾先生曰學從淡中入幾從淡中見故曰介于石不終日貞吉君子心介如石上交不知有上下交不知有下各各還他本等非知幾不能曰諂與瀆世人從情上逐不諂不瀆君子從性中應

問復以自知與愼獨之功同否先生曰除知無獨

除自知無慎獨

問聖一也何以有乾健坤順之殊先生曰有自少從生知安行者即乾健也從學知利行者即坤順也堯舜性之湯武身之各從所入至則一也

問易云窮理盡性以至于命乃世之學道者專主脩命則云假若識心并見性到頭終久做陰靈專主脩性則云鍊氣精粹壽可千歲不明正覺刼盡還來二說然否先生曰若真見性決不做陰靈做陰靈不謂之見性吾輩且從見性徹去

切盡還來語姑置之何如

問小人閑居爲不善無所不至既已喪良心矣見君子猶知揜且著則良知似未盡泯也不知此等人意念尚可移易否先生曰閑居不善非是習氣就是意念此俱是可恕惟是揜其不善則以人爲可欺而著其善則以巳爲可欺重重包掩蔽錮日甚眞可畏矣厭厭然予謂即厭倦之意見君子一味天真消阻閉藏都遮掩不得此處肯一識認色色現成

問大學云絜矩中庸云忠恕其旨合一否先生曰
忠恕猶有忠恕可名狀到絜矩則從心所欲矣

問仁者以財發身不仁者以身發財今之孳孳爲
利樹怨招尤者皆高明之士豈真自居于不仁
者哉先生曰卽孳孳爲利樹怨招尤必是汚下
世間人言誤以爲高明耳

問既謂之不睹不聞又何容其戒慎恐懼初學于
此必得真正入手處願夫子明言其旨先生曰
真正入手時時覰不睹不聞是甚物識得此物

真戒懼不必言矣

問傳不習乎習所傳也若于傳處有未悟則習從何用功先生曰如未悟且從傳處走劉元城得司馬不妄語便從不妄語入古人得一傳卽從師傳實落走悟到末後始開

問未若貧而樂所樂何事先生曰三碗菜粥一領敝袍所樂卽樂此昔有人日日燒香謝天地其妻怒而謝曰三碗菜粥何謝爲其夫曰此清福政恐承受不來孔顏承受此清福千古

問事君數斯辱矣朋友數斯疏矣誠如是則匡善救失之義責之何人先生曰看數字則匡善救失未始無人只是不宜頻數予仁文講義另解

問孔子云伯夷叔齊不念舊惡孟子云伯夷隘二說果相發明否先生曰不念舊惡猶有不念在所以爲隘聖人如天形容不得

問孔子不絕互鄉之童子而辭欲見之孺悲其意何如先生曰聖人不爲已甚不屑教中真教誨

問年四十而見惡焉其終也已不知四十以後人

尚可爲善否先生曰八十尚可爲善況四十乎
　此俱從軀殼上起念
問孟子四十不動心與孔子四十而不惑何如先
生曰不惑極難此惟孔孟知之我説得透恐未
必然
問伯夷目不視惡色耳不聽惡聲與孔子非禮勿
視非禮勿聽同否先生曰亦不敢妄擬惟伯夷
　孔子知之看自家身子何如
問如梁武帝終日一食蔬素宗廟以麵爲犧牲亦

可謂能節用矣斷死刑必爲之涕泣亦可謂能愛人矣而猶曰不被其澤則何如而後謂之行先生之道先生曰終日蔬食以麵爲犧牲此不過一物得所先王之道家給人足即五畝之宅樹之以桑一節

問今之講學先生議論微有不合輒忿詞怒色豈辨之弗明弗措耶先生曰忿詞怒色受者借以爲德山棒而施者則裴村芷矣

# 南臯鄒先生會語合編下卷

## 鷺洲會紀

問大學言止至善註謂明德親民皆欲止於至善之地近儒則又謂至善者明德親民之原本乃觀瞻彼之詩則謂盛德至善民不能忘夫民之不能忘乃親民之極也斯謂止於至善矣不知三說以何爲當先生曰至善者明德之體親民者明德之用至善者性也學以復性爲宗故大學以知止爲始學第一義若以民不忘爲至善

是以功效言矣說明明德卽說齊治均平說學卽說悅說克復卽說歸仁說敬恕卽說無怨眞正復性自然民不能忘若忘畢竟復性未至此聖賢自考考人實語三說卽一說第一義卽第二義第二義卽第一義

問格致之說不下數十種石經以物有本末一條置之格物之下似謂格物者窮物之本也窮物之本則知所先而致知矣詞不費而意自明往疑陽明先生未見此本故費分疏乃今見石經

者或駁其僞不知何說也請示其旨先生曰格物之說古來多端常有言如人入都門東西南北皆有路頭可入學者做得工夫片段到知止地步實與先聖家風不殊石本可也朱本可也不必拘拘然較同說異

問未發之中陽明先生以爲常人未必有竊疑此語尚未穩當夫本文謂喜怒哀樂之未發謂之中發而皆中節謂之和蓋因上文言天下莫顯于不覩不聞故指喜怒哀樂之發與未發者明

之若謂未發之中常人未必有則喜怒哀樂亦常人未必有乎請示其旨先生曰未發之中性也然必學而性始存常人不學則喜怒哀樂不免妄發然妄發亦存濁水亦卽清水特人不悟故言所性不存陽明先生之語蓋如此非謂常人無也未發之中常人未必有此陽明先生有激語夜氣幾希與夫嘑蹴不受卽未發之中竊謂常人穿衣吃飯時時未發之中在若無未發那得巳發除巳發亦無未發看未發不必過深

過高常人箇箇有但人未必覺耳

問學貴辨體近時學問似覺混淆耽內養者好談玄遂以玄爲聖學溺高妙者好談佛又以佛爲聖學故昔之二氏皎皎然在吾儒之外今之二氏墨墨然在吾儒之中又不但二氏即孔孟之學與宋儒之學亦似別有蹊徑今遂以儒者之學即爲孔孟之學矣中庸曰辨之弗明弗措也請教如何先生曰二氏之學當別論若宋儒周程之學正以發明孔孟之旨非別有蹊徑也真

二氏之學功行亦細密與世之真儒體用功夫實無大異即欲出語著書闢彼亦不過闢得其僞禪耳然又非僞儒能闢也彼未必心服道路各別養家一般存而不論可也

問中庸曰擇乎中庸又曰擇善夫擇者推擇揀擇之謂曰擇中庸必有非中庸者曰擇善必有未善者舜之好問好察顏之若亡若虛是其博學審問慎思明辨處邇日學者始學先要個存守是未擇中庸而先服膺未明善而先固執証之

博學審問之說無當也請教何如先生曰學貴存守但存守之方不一故問辨以擇之蓋學而後有問學即存守也不學何問之有如行者遇岐路即問問了又行原非二事若謂不待存守而先擇則是未出門而空談路徑也不待擇而先服膺服膺何物必待存守而先擇請問以何存守若不先擇恐存守亦是入魔路去

問孟子教人若與後世儒者不同孟子言人皆有不忍人之心只是一充之足以保四海言孩提

愛敬只是一達之天下言不爲不欲只是一無爲無欲如此而已都是從本心充拓將去後儒却要涵養端倪靜觀動察瞬存息養似若更進一步愈覺精密視孟子之學反爲粗淺不知學者將從孟子乎抑當從後儒乎請明示之先生曰孟子之學以盡性爲宗故言知性養性此理微矣若不忍愛敬所謂乃若其情則可以爲善者此處當精研擴充是充其所養者養是養其所充者端倪即此不忍人之心也擴充息養瞬

存不昧此真心也善觀之後先儒者一樣無兩樣同此直達同此精密

問孟子教人求其放心註謂放者昏昧放逸又曰只是欲人將已放之心約之使反覆入身來若謂心要收在腔子裏然孟子他日言存乎人者豈無仁義之心哉其所以放其良心者總是旦晝之所爲梏亡之耳知其所以放則知其所以求矣又觀上章嘑蹴不受本心也萬鍾不辨禮義而受之正是放其本心求其放心只是賢

者能勿喪耳其自爲註解可謂分明不知將從儒者之說耶抑從孟子自註耶請示何如先生曰孔子言敬以直內則程子謂約之入身亦直內之旨也不能直內卽是牿亡約之使反覆入身來此教學者眞切語由眞切而後能識心體識心體而後能求心心體彌漫天地古今能收能放能大能小不是儒者拘拘然以一腔血肉爲心以一腔爲心如春蠶作繭爲求失放與求之義遠矣

問主敬之說後儒言之詳矣然觀孔子言脩己以敬卽說安人安百姓言見賓承祭卽說己所不欲勿施於人孟子言敬卽說敬人者人恒敬之易言敬以直內卽說義以方外皆有着落處儒者謂涵養須用敬便覺着在內邊證之安人安百姓邦家無怨與人恒敬之等語覺不相應請示其義先生曰孔子脩己以敬一語已道盡若子路不問則安人安百姓不必言總不出敬之一字也易言敬以直內孟子言義在內程子言

莫非已也何必諱于言內乎學者果透本性則知充塞宇宙皆此理也何內外之可言內外者體用之謂也體用不二而學貴透體故不得已言內即大學知本之旨此正學之有着落也若執形骸而分內外至謂涵養着在內邊似疑其遺外得無見之未融乎先生又曰調甫首尾疑體用末言人已蓋調甫從用處得力即用即體愚謂此聖人光天化日語除人與百姓別無已除安人與安百姓別無敬若拘拘然守着一腔

光景爲性爲存爲敬于人漫不相涉此後儒之失也曰至愚至賤將何爲人與百姓曰一家父子夫婦昆弟朋友一生多少在何謂無人與百姓敬字還當體貼安字安是彼此相安相樂無怨無猶之義能到處相安相樂即謂之敬切莫錯認善俗媚世爲安爲樂

萃和會紀

先生歸耕十五年即鷺洲會常以病淹蹇不得赴冬約憲副斗墟劉公過泰和弔歐詹録拜徐邑

侯餘姚人曰仁先生之後暨同邑諸縉紳人士相期過萃和書院竟日先生請于邑侯及諸縉紳多士曰今人家有家之箕裘國有國之箕裘此道此學吾鄉之箕裘也豈可坐視任其隕墜不必它求太宰整菴羅公宗伯南野歐公少卿晴川劉公吾師盧山胡公皆一時大儒其禔身矩範一觀法夢寐自有餘師邑侯徐公豁達開霽余自入境人人誦其慈祥清粹元標常有言曰學道必愛人愛人即是學道除愛人別無學

道如明公身有之故得民心如是
一友問子在川上一節并引莊子諸語意以夫子言體而莊子言用先生曰且不必從夫子莊子身上體貼君且試設身自家在川上果逝者如斯不舍晝夜否此不已之機自不舍吾輩吾輩自舍耳過此有省不必言體不必言用
一友問中人以上一節意疑近皆語上世不必皆中人以上教似躐等先生曰道本無分上下語云大匠誨人必以規矩學者亦必以規矩巧即

所謂上也然必有規矩入規矩莫過聖門聖門學問稱顏參曾顏子有四條繩墨非禮勿視聽言動是四條繩墨故至卓爾地步曾子有三條繩墨三省吾身是三條繩墨故聞一貫之傳今貴邑先輩規矩自在且以吾鄉先輩規矩與諸君言先輩多忠厚不見人之過樸實一毫無外飾澹泊無外好此入道之規矩也從此規矩入不必語上不必語下有一日入悟到巧地上下一致

一友問無所不用其極此章言親民下章又言明德則極似有兩致力處先生曰無兩致力也明德到極處則親民亦到極處體極其粹則用自極其神也

仁文會紀

問慎獨即明心明心即慎獨否先生曰獨即心也心即獨也慎即明也明即慎也當下敬謹罔有昏惰非即慎獨乎非即明心乎要之曰獨曰心皆後天不得已而強名之也如人立名立字立

號雖有許多名色總在認面目而已若徒執名字而求人之本來面目是猶指月在手也愚矣反而求之隨處皆獨皆心矣

問格物之說何如先生曰謂爲善去惡爲格者果屬誠意之說也謂如格眼之格者果屬正心之說也以有苗來格爲格者果屬齊治均平之說也蓋有物必有則格物即所以窮理也窮理則盡性以至命矣如行到水窮山盡處自然有個轉頭時又如貼體汗衫俱脫却单衣一領即禪

空是也即當下一問一答日用一斟一酌何莫非格物乎人顧不反而求之是謂騎驢覓驢也

問乾之六爻先生曰潛見惕躍而飛隨時隨處有之不必拘拘以仕進言也如眼前收斂精神即潛也言動發揮即見也謹廪毋惰即惕也淵蜎機勃即躍也神化不測即飛也彼不潛而見不惕而躍未躍而飛俱亢已

問盡心章先生曰此章兼天命心性與身而備言之性學始終全功也蓋以命爲天之脉天爲性

之原性爲心之體心爲身之主身爲天命心性凝成之軀能盡此心之分量毫無欠缺是即悟性矣悟性非即悟天乎能以其所盡者而存之于至久非即養性事天乎能以其所存者而不二于至變惟知存養以脩以俟非即立命乎其實一以貫之無知行先後之分也

問不遠復與敦復如何先生曰幾希之微或亡故地即覺而歸原是謂復于不遠也復言不遠蓋在念慮微芒間即照還原所矣此惟顏氏知幾

者得之知幾則元善不違故曰元吉敦復者卽其所復而敦固不失不啻三月無違永無離元之悔吉不待言矣曰敦復與敦艮如何曰復者失而復還艮者還而不遷復如人之暫離故土而輒回艮如人之永復故土而不移艮復二卦皆爲功夫而造有淺深也品級亦有優劣矣

新安翟程二生同謁而問曰向慕大教未覩親領今不遠數千里而求先生何以教二子乎先生曰何教之有卽今寒天向火便是大都學問原

是家常茶飯其中難着一毫意思

翟生曰人之靈性在生時靈靈明明死後靈靈明明何以沒有先生曰靈性原無生死只爲人認着個靈靈明明就有個不靈不明妄爲生死耳且此等語是閒話不切身未曾死何以知得靈靈明明沒有

程生曰有脩有証恐落人爲無脩無証又屬茫蕩將如之何先生曰脩者脩其所無脩證者證其所無證今時譚有者沒歸宿譚無者落茫蕩

程生曰夫婦之與知與能與聖人之不知不能有同異否先生曰有何同異翟生曰若以爲異聖凡原無兩個若以爲同又何有聖人愚夫之名先生曰與知與能處正着不得一個知能聖人之所以爲聖人者惟其知愚夫愚婦同體愚夫愚婦之所以不如聖人者惟其不知已即聖人翟生曰明明德一句已包括盡矣又曰在止于至善所謂至善者何物也止至善者用何功也先生曰若非止于至善何謂明明德這一個止字

不可輕易放過德者得此止止也明明德者明此止也若非一止則明德漫無歸着故緊緊的說知止二字孔子一生不肯以禽獸比人在止于至善章則曰于止知其所止可以人而不如鳥乎只欲人知此一止耳翟生曰大學之要在知止其實無可止處先生曰止原無處所止無可止則知止矣時行則行時止則止其道光明此止而無止之義也

程生曰窮理盡性以至于命有作三段說者先生

曰何謂三段說程生曰謂盡心一章首節爲窮理次節爲盡性末節爲至命何如先生曰只是一盡心則性與天與命都在其中矣更不必復有事與立也翟生曰心如何爲盡先生曰盡者水窮山盡之謂人心原是太虛若有個心則不能盡矣

先生語二子曰昔貴鄉有來問學者論喜怒哀樂之未發二句余啓曰自我言之喜怒哀樂之未發謂之和發而皆中節謂之中二子之意若何

二子答曰此先生本體卽工夫徹內徹外之學
但中和之體着不得一毫人爲請問何以謂之
致也先生曰惟其不加人爲故曰致翟生曰人
亦有不中不和時否先生曰知得不中不和便中和
矣此一知外别無致也
程生曰萬古學脉不容一息泯滅先生身任斯道
覺世之責無容辭矣先生曰萬古學脉人人所
公共的漁樵耕牧均是覺世之人卽童子之一
斟酒處俱是道之所在若曰我是道而人非道

則喪天地之元氣矣

新安王文軫冒雨雪渡番湖千餘里而造先生之門先生問汪君疇彼時來意軫答以在餞作四郡大會祝師主教有一友歌水盡山窮孔孟鄉祝師問如何是水盡山窮君疇答語稍涉支離祝師逼之因憤泣而别以造先生之門先生因詰軫曰父母未生前天地未生時山水在那裏軫曰請先生指點先生曰若有指點便不是水盡山窮

先生問軫何時進步何師開示軫曰丁酉南都祭訪祝師認心不真無可撈摸坐間日影正照祝師指曰爾認此日影為真日不知彼陰暗處也是真日因此有醒先生因點軫曰爾道認心不真無可撈摸不知無可撈摸處便是真心

[illegible]人學問不勾手者正以有所把捉有好工夫做故此有把捉時便有不把捉時有好工夫時便有不好工夫時先生曰此可與透身貼體有工夫來的商量若是初學茫茫蕩蕩且與說去

把捉做工夫不妨

問顏子四勿顏子當時如何受用先生曰禮者體也視聽言動無非此體也若與下根人説遇非禮且禁止勿視聽言動軫曰禁止勿視聽言動亦是此體先生曰如此方是克已已克復禮禮復不落邊見

先生問軫平日日用如何用工軫曰軫把書冊放開萬緣齊斷反觀實際裏地反而又反參而又參不敢放鬆直須親証先生曰如此方是實學

不然只徒口耳說空頭話不惟悞人亦且悞已

問世人講學叅究不到機緣未熟動輙以罪性本空煩惱卽菩提以至流而爲無忌憚先生曰煩惱卽菩提是點人尋菩提非教人一任煩惱去也軫曰煩惱性空真菩提路非知罪性空而故犯之謂也先生曰菩提性空煩惱亦性空故曰煩惱卽菩提

問軫未能齊得家使風移俗轉還是反已欠真先生曰你要轉移他作麼你要去齊便多了一件

事軫曰雖然如此不能悅親信友根于不能明善誠身是以未孚于家邦也先生曰學問只是家常茶飯只是如此去便自是孚信自是默默轉移

軫述南都一日楊老師召飲席間楊師問曰載仲一飲一食是工夫否軫曰也是工夫楊師曰多了也字你還信不過無不是工夫先生曰此處須要有個理會若放飯流歠恐于聖賢動之以禮工夫又欠此飯食時無一毫飲食意方才是

工夫

問屠兒立地成佛先生曰放下屠刀立地成佛是呌人回頭話不說拏着屠刀立地成佛也今時流弊剽竊兩句話頭屠兒立成佛煩惱即菩提甚至婬房酒肆俱是道場軫曰有箇笑話與先生道之昔有一妓喜談禪人笑之曰爾既禪仍何躭于花柳妓全無慚色笑而答曰我色身與交我法身未嘗與交也今之學者即此之類先生大笑曰此笑話極有警醒依愚見不拿屠刀

更好若只管殺人放下立地成佛還是半路脩行與不殺者有間此是提醒人轉殺機爲生機

軫問曰若離塵絕俗却非吾儒在世出世正學幾流于二氏居塵不染方是出塵先生曰超得世然後經得世若不能經世而曰出世是壞世間相也且爾猶有個二氏見在

友人曰顏子三月不違其餘日月一至今人日月一至也難得先生曰欲仁仁至此至卽一息萬年若究竟大休歇地我且無又安有不仁我且

無至又安有不至此可與知者道

孔子教顏子克己復禮天下歸仁教仲弓如見大賓如承大祭家邦無怨今人放于禮法之外任家邦人怨都不管

軫問吾人在一家不能發生一家在一邦不能生發一邦還是自家生機不曾透露先生曰易經自強不息即繼之以厚德載物若非厚德載物便非自強不息若能乾坤合德隨處自是春生

軫曰首出乃可統天統天方是首出天且在範

圍而況人乎而況物乎先生曰究竟到此天卽我我卽天範圍曲成一齊俱到方是首出庶物萬國自是咸寧

問學須是不離知見亦不立知見先生曰不離見聞緣超然登聖地故仁知之見知百姓之不知均爲失之故曰君子之道鮮矣顔子卓爾而末由孔子有知而無知始得

問告子路知之爲知之不知爲不知是真乘上語先生曰知之爲知人固易知而不知不知之知

爲眞知也

先生問陳光庭善點人軫曰以至簡至易點人從之者衆先生曰聖人示人以易知易從人尚不肯信況示人以煩難乎引人入門不可不簡易上根之人得之自不肯放過下根之人既已入門必使之鑽研持循鞭策向裏自得則可不然茲蕩無從拘檢不幾于放浪也耶

問世間形形色色俱是天性何以又惟聖人然後可以踐形又似學者不得輕易冐認先生曰今

人說學者只講上一句便了再不譚下一句孔子教顏子一日復禮天下歸仁而即曰四勿有四勿工夫然後踐耳目口鼻之形非孟浪語也學須着實理會體貼求踐形方有少分相應若徒曰形色天性以虛見解承當而不求踐形是爲行屍走肉活死人故孔子曰罔生奚可

問易曰百慮而又曰何慮如何會合先生曰思即何思慮即何慮本爲一致爾若會合則二之矣

侍先生夜坐先生示軫曰予生無包藏掩覆長短

隨人自見只是一生一世無論做一官卽盡一官之職而不敢有位外之妄想隨時隨地不敢放倒至于事事一切無礙余無世人此大手段也

先生問軫近來日用何所用工對曰軫向學十餘年志頗竪立捹下生死併歸一路雖早聞師友上乘之教而未嘗不做下下乘工夫先生曰予知載仲用過工夫來

問時習工夫日間是時習夜間如何時習醒時是

時習睡時如何時習夢時是時習不夢時如何時習先生曰晝時即晝是時習夜時即夜是時習醒時即醒是時習睡時即睡是時習夢時即夢是時習不夢時即不夢是時習通乎晝夜而知至爲直截至爲明白載仲于此無疑否曰信

問佛家何以謂不思善不思惡先生曰今人胡亂做去一切善惡都莫管此儱侗學問也而佛家之意以惡念不起善亦不可得而名如吾儒渾然至善于此坐斷路頭即吾儒知止而定靜安

慮得非求灰斷果亦非儱侗佛性

先生問到不得措手處還有工夫也無軫曰無工夫先生曰仍須要退轉來軫曰有工夫而不落常無工夫而非落斷爲而無爲謂之無工夫也可先生曰就說有工夫又何不可

劉卉生問大人不失赤子之心赤子之心是何物先生適見門杠措以示卉生此是何物答云是門杠師曰伊幼時認得是門杠今日亦認得是門杠卽此大人與赤子心何異人人有赤子之

心人人是不失的惟大人認得是赤子之心故有工夫說不得無功夫說不得必有功夫後始曉得無功夫曰何謂大人曰卽上章言不必信不必果只一義通透千了萬當只便是不失下章養生送死可以當大事只此便了生死大事只便是自得故上下章說俱可玩

汪君疇問仁與文有同異否先生曰仁者人也能知人卽仁仁卽人則所謂文者自不言而喻矣

君疇問學問要虛而後能受先生曰是則是然虛

非易得到必有見而後能虛昔人之都下者寫家書曰之都門見宮闕崔嵬百官之富一則曰我家大不如也彼見都下故真知家之不如如今人有百石之貯見萬石之儲者却氣便歛然至于吾輩說到道理却便胸中虛不得總之不悟

問不孝有五章先生曰此一章我看來個個蹈此章只是匡章不曾予所謂隋者是不莊敬嚴肅予輩不莊敬嚴肅即是隋其四肢好貨財私妻

子予四十以後因留在吾母身邊出入不便故吾母亦有不得知者非好貨財私妻子如何從耳目之欲無論好古董日日在從耳目之欲好勇鬭狠不受人言卽是鬭狠體貼在身時時是不孝

問四時行焉如寒暑災祥亦可謂之行乎枯槁殘落亦可謂之生乎先生曰無寒暑災祥不謂之行無枯槁凋落不謂之生此其所以爲天之大順要知寒暑災祥枯槁凋落罔非天意而後爲

天之大

問西銘先生曰張子此書千聖心傳總在于此余近日于尊高年所以長其長註曰長其長所以尊吾父也慈孤弱所以幼其幼註曰幼其幼所以愛吾子也即此是老安少懷之旨學者身體此章更有何事或問曰昔人云此張子見道未能了得道先生曰予性鈍含此無了法

先生曰予是日有悟朱夫子格物之旨朱子云人心之靈莫不有知天下之物莫不有理以朱夫

子葢世聰明豈不能先從身上悟萬物備我之旨而乃從諸物下手至如陽明以格竹子數日幾至嘔血而剽剝格物之語似朱夫子抱冤千古

君疇歌無有作好尊王之道至會其有極因請問其旨先生曰人只是一箇好惡橫于胸中只是作再不是尊曰何以爲尊曰只在會其有極自然歸其有極會者會通之謂不會又安能尊

季夏念六日先生集于書院曰諸友適問有何商

量軫對曰軫適歌時人不識予心樂諸友商量
樂字未竟其義請先生教之先生曰若識古人
樂處先于古人憂處有真樂者必有真憂少頃
汪君疇歌學到嬰兒學不休天機滚滚自川流
先生指詩示之曰此詩形容極妙諸君透得此
詩學問盡之矣君疇曰學問本自簡易而人不
肯承當反加許多作爲望先生仍要加鞭策先
生曰學問要人自信自得若平居精神不真今
日在會堂逞一番議論終屬傀儡全要在自家

信曰自信明曰自明得曰自得成曰自成先生又曰學者仍未有進門者在如何就説上乘處且于平常體貼家庭向日處不來今日覺處得來向日拋不下今日稍拋得下向日執着今日稍不執着以漸入佳境所以知不如好好不如樂只是常常會會朋友自有進步

錄佛會語

先生坐間目趙生曰學問要信君最是頓悟高底只是欠一段信處不要自負聰明不信講學即

天命之謂性一句亦不能領畧據子資性高處作何理會趙生未答諸友亦不能發先生隨占詩二首示之其一天命由來自渾成無思無慮亦無營諸君欲解其中意請聽枝頭蟬噪聲其二無奈時人只浪驚枝頭傳語最分明千秋只在目前了凡聖何曾有重輕先生顧君疇與軫曰漏泄殆盡矣諸友時時會會自有無窮妙處非是我作會不加鞭策中間幾友便有幾樣不同今日只可與知者道中間有不知者如痴人

面前說夢此上乘語難與人道又恐怕窮人之
短我日日與朋會只是說家常茶飯只是且將
笑談親俗子諸君日後纔曉得我今日話說少
項又示諸生曰若果上根之人悟得透信得及
隨時隨處搬柴運水無非道場屙屎撒尿都是
佛法信手拈來頭頭皆是又有甚麼說得
樂安朱家相問性無可名奈何名中有中可名即
發也何又曰未發先生曰性無可名名之曰中
予謂中無名還名性人又曰性與中俱無名還

之大虛請觀大虛是未發已發

家相曰至善太極也請問太極上容得止字否先生曰太極上容得止字是頭上可安頭矣既悟太極浪子還家何必思鄉要說甚止

家相問未發已前寂然無象一着于觀便屬發矣欲不着象更何措手先生曰發在何處誰爲觀者兩手觀脉請君自診是寒是熱更不必問我措手

問格物爲窮理朱子之言何如先生曰天下古今

惟有此一物此一物未格則意知屬泡影天下

國家屬泡影朱子窮理豈肯遺此一大物

問寬裕温柔四句一時俱到豈無妨乎工夫自有

調適細發以示先生曰有盛饌于此酒肉百味

一齊俱下有歌者于此宮商角徵一時俱發彼

豈味味而調一一而適下面曰溥溥淵泉而時

出之可見此義矣

問不覩不聞性也微有戒懼卽落覩聞矣先生曰

有落覩聞之戒懼有不落覩聞之戒懼眞透不

覩不聞之體卽落戒懼亦不落戒懼若嫌戒懼之跡一味任情豈有此理

先生謂胡珩昌曰看汝若走些道路來試言之昌曰始以病學玄是有爲法既而得方養陽無爲語近禪近儒覺若心中停當然終不濟事至從事王塘師始知從前俱錯用工先生吟曰一副臭骨頭猶自作功課我只裏如今動也如是靜也如是人來問學隨口應答絕無擬議然可與言者不時集只是坐臥此屋下並不向人浪開

口且學問無奇異你看我日用物來順應何曾有纖毫意思你若自家沒頭腦只管悟奇悟妙去何處尋反擔閣了一生昌曰如師所言亦是煅煉得來三折肱方是良醫先生曰然復嘆曰當今學問如王塘翁時時轉手老而彌篤真人所難及

先生一日又曰你如今自家欲對病用藥作些甚麼課程曰只是蠢子作蠢事念起時則忘之散亂時則存之不自知可否曰或應事何如曰非

師所云絕無擬議此語甚妙願師指教師示以新刻學庸商求曰即此便是更無有可指受處

趙友問可與立未可與權執中無權同否先生曰夫子言可與立未可與權是掃上面階級孟子云執中無權是掃楊墨人我階級聖賢言語俱是權立教無實義與人若又執一說來比擬同否是以權字爲實矣

問孔子不言輪廻否先生曰夫子學而時習之即言輪廻說時習即說悅說中和即說位育何言

夫子不說輪廻
問顏子卓爾地位卽鳶飛魚躍境界否先生曰顏子卓爾地步卽鳶飛魚躍意至末由且并鳶魚高堅前後忘之矣
問定靜安慮畢竟自家不見得爲是先生曰定靜安慮若以不見得爲是見得非是畢竟落一邊學無見無不見
問誠者自成也欲自成不得不誠先生曰誠者物之終始今欲自成不得不誠此語有病誠者自

成也知自成而後能誠

問未發時言極深研幾何如先生曰既說研幾幾者動之微吉之先見者也與未發似不可同日語

戊申六月珩昌懷疑重跰復過師門先生一見大喜曰吾子于所學何似吾念子甚于子之念我吾近來全無別事只是此一件緊切研磨時刻不容已丈夫生世間具耳目口鼻之形所以異于物者以有此學耳學莫先于立志千古聖人

具是一箇肉身漢子只是志不肯作凡夫单刀疋馬所向無前何聖域之難臻唐人語云語不驚人死不休吾以爲不至聖死不休也昌爲惕然

先生曰學人皆有方便路脚跟到處勝境可言子一一告我昌啓曰處處是路舉目茫然政向師門求指南耳但常多以見解承當而習氣難化事理兩障功夫難用學問只是怕犯手才下手時難調停先生曰我數年頗悟得真信本來面

目直是撒手懸巖曰所謂不須防檢窮索未嘗致纖毫之力乎曰卽有時防檢窮索亦謂未嘗致纖毫力也爾若不悟眞性失枝落節未有不犯手者爾以爲耳目手足是爾形骸不知有超于形骸者是爾本體是爾眞性此處如何措得手然日用間必有事焉是事也如魚飲水冷煖自知耳

習氣難化此語極細熏染自夙劫中來卽千古聖賢難于頓消我輩惟洗心退藏于密二六時中

一語一默證得莫非真性妙用是所謂純乾首出羣陰銷落纔不能淨純然旋迷旋覺旋覺旋空則無始以來麤重習氣漸次鎔化漸自清明何爲我累然此內消息自家探討愛莫能助爾

學者多湊泊知見播弄機神猜想本體擺布事爲安排道理以此不得出頭不知于無倚着處參透得會虛而靈寂而妙事理兩忘順帝之則安有爲所障者

天地萬物皆生于無而歸于無一切蠢動含靈之

物來不知其所自去不知其所往故其體本空我輩學問切不可以形器上布置無根而挿花竹一時妍好終屬枯落雖然空非斷滅之謂也浮雲而作蒼狗白衣皆空中之變幻所必有者吾惟信其空空之體而不爲變幻所轉是以天地在手萬化生身

性無體眞無體妄亦無體悟性者逐妄妄也尋眞亦妄也悟眞妄了不可得則見性矣蓋性無爲也動而未形有無之間者幾也故曰極深研幾

極深研幾是克復以從乾則無妄矣無妄之卦乾在上也乾元資始統天純乾首出豈有妄哉乾坤之轉旋星辰之躔度時運之推遷萬物之生死以及一念之起滅變幻皆氣也故孟子道性善必曰善養氣養氣寧有大異只是直養無害故自克塞宇宙常愛屈子云一氣渾成兮于中

夜存虛以待之兮無爲之先此是善養引子

子在川上曰逝者如斯夫不舍晝夜一氣機之流行也故程子云論性不論氣不備然孰運旋是

推行是詩曰維天之命於穆不已氣之所以常流也

學問要出頭自家一條性命自家尋向上去只被世情埋沒了置此身于窠臼中硬着脊梁闊着脚步昌曰必先能舍得性命方能脩得性命先生曰首出庶物萬國咸寧

高明之士多薄倫常爲粗迹不知此無虧欠可云粗迹一有破綻是爲罪業

學須徹底一悟乃能一悟便了此體無聲無臭乃

無證無脩末學以知見爲悟悟後脩不容已以此透體入微自當離筏登岸所謂知之一也所謂成功一也

問學問一識心焉盡之矣先生曰識箇何物視而未嘗視也聽而未嘗聽也觸而未嘗觸也不必離根只不逐根是卽謂之收視返聽離形去智同于大空

問未發性也已發情也然遍滿乾坤是發則終日見情念遷流卽聖人以至途人一乎曰非然也

聖人眞性湛然有情而無情故情契于天則衆
人爲情生爲情死生死相續只是塵情不斷
今有一種議論只是享用現成纔說克治防檢便
云紐揑造作日用穿衣吃飯卽同聖人妙用我
切以爲不然夫聖凡之別也豈止遠千里哉
仁者渾然與物同體如何證得學問只是不起意
便自一體便自渾然所以乍見非有爲而爲齊
王有不知其心之所然也
性如有毀則天地何以有古今性如有漏則木石

未嘗無知覺故我盡性則萬古常存萬物一體

蓋一性裂爲七情情盡而性盡則薪盡火傳歷

萬劫而不磨性盡則物性亦盡任元化之推遷

與品彙而同春

未得道高着眼既得道平着眼今人眼孔小少得

爲多目白無人可爲大戒

凡人言致虛是落虛境言守靜是落靜境言不落

則又落不落之境故古之立教者旋言旋掃

問佛氏輪迴因果之説先生曰欲躲輪迴亦是輪

廻欲除習氣亦是習氣若悟此真性則輪廻習氣一時俱淨雖曰出離生死本自無來何曾有生亦自無去何曾有死此是實語豈欺我哉

聖學不言無生只言知生恐槩引人出世滅視倫常不成世界耳以天下歸仁即太和元氣之在天地便是極樂國土故曰存吾順事歿吾寧也以死生爲常事其旨微矣

學問功夫綿密光景烱然現前要常含光弢頻嚴加保護倘未穩證陰魔潛伏損智奪慧道眼開

而復翳故往往超悟易得而成就者難

南臯鄒先生會語合編下卷

# 南臯鄒先生講義合編上卷

## 論語

### 學而時習之章

今人讀盡萬卷書口裏說得筆下寫得問他學甚却忙無以對若以讀書作文即學則孔子時何嘗教諸弟子何以作文是時五經未出則學斷不在讀書作文若說着講學却又彼此姍笑間有知向學者又不着謹貼身來惟學說着一時字一年十二月一日十二時無針縫空學學此

習習此一時不學便是醉生夢死肌膚不會筋骨不束形神土木若時時學天地與配日月合明四時合序鬼神合吉凶豈不悅學到悅自成自道與人說不得有朋自遠方來是吾學通天下豈不樂人不知而不慍是吾學通之萬世蓋不必慍如是始爲眞與學予嘗試心量通一分則外面通一分心量隔一分則外面隔十分此處眞所謂不疾而速不行而至惟力學者始信此一透時宇天下更有何事

有子曰其爲人也章

爲仁仁字當作人即上節爲人之人

此一章書有子說今人不守本分在下的要犯上世界不治只是要作亂若是其爲人也孝弟那有犯上作亂之事蓋犯上是于人有不愛敬愛親者自不敢惡于人敬親者自不敢慢于人一毫不肯犯上作亂是不念其家若孝弟自不敢以一朝之忿忘其身以及其親所以君子只務此孝弟爲本孝弟而立則爲臣而忠是實實的

忠臣交友而信是實實的信友萬善百行皆從此出如富商大賈本錢既多利錢自倍不然孝弟不立縱有他善豈能筭得數然則孝弟也者其爲人之本與可見學只學此爲人也爲人只是此孝弟也聖賢豈有奇特的事學而時習章即繼以孝弟可見當時孔門宗旨再不越此二字予最愛朱晦翁云人能孝弟則其心和順和心不乖也順心不逆也我輩若在家孝父母敬兄弟一團和氣便是位育氣象若一毫不孝順

父母不敬兄弟胸中就是昏天黑地不但人不
得安即已亦惱怒了此等去處實落做工夫始
知和順二字晦翁說得極妙或曰爲仁仁字子
以爲人字何耶先生曰古人以仁字作人字甚
多如此則與上面人字相呼應或曰仁道至大
恐此讀不廣曰仁也者人也夫子有言矣謂仁
字讀不廣者是不知仁也不肖常體貼自身犯
上事不知幾次總只是當時不曾體貼故今悔
之無及讀此常自愧慚

巧言令色章

巧言令色鮮矣仁此語最細惟講學做工夫者方才有此仁心德也如果仁桃仁杏仁眞機在中生生條達自不容已人若眞仁直心而言爲德言根心而發爲生色不然强排道理遮飾有得皆巧言也危冠危服一面笑容皆令色也惟明眼者一見卽知彼方自負道統自認涵養不知去仁何啻千山萬水到不如鄉里樸實老農老圃可與之入道

## 吾日三省章

曾子未唯之先三省是三省既唯之後一貫即三省曰然則唯後不必三省耶曰未唯之先三省由于一貫既唯之後三省無礙一貫蓋嘗譬未悟一貫時如脩行者恐睡布珠于地黑夜遍地尋珠既悟一貫時如以繩穿珠千珠萬珠不亂人在世界耳目眼鼻如傀儡然有一條線梭在得此一條線梭百般自由自提自放曾子臨終說吾知免夫蓋線梭一齊放下矣

弟子入則孝章

此一章書夫子教三千之徒七十二賢俱不越此說道弟子再無別學人誰無入入焉則孝在家庭除孝親外別無功課人誰無出出焉則弟在外面除敬長外別無功課後生多放蕩却要謹愼謹愼者一言不敢輕發後生多會說謊却要信實信者一語不敢涉虛此却是持身之道至于接人天地間人品不齊我若有分別心自巳門前地步不廣如何容得人宜泛愛衆一個不

敢慢他天地間有仁者是衆出類的人我却要
親他自然有益如此則大行克端有餘力則以
學文此句宜想夫子是活語行此數事一生到
死再無有餘時節可見文藝乃有餘事耳舊說
此係教小弟子事不肖思此章書大聖大賢再
不越此如何是小弟子事若以爲非關性命除
却孝弟言行別無性命除却孝弟言行別無神
化雖聖人復起不易吾言不肖于此甚愧謹字
初意甚廓落廣大如今覺得不謹是個放蕩之

人甚愧泛愛衆語初意只是親仁不知愛衆胸中荆棘與人爭遠今悔之無及矣讀斯節無謂小弟子事也若以爲小弟子事恐譚性命譚神化說入玄微如白日青天說夢

禮之用章

學者將有子孝弟幷此章卽曉得夫子學問與有子學問天淵懸隔言者心之聲心體明白學問自不零碎有子說和又必以禮節是看和自和禮自禮子思子曰發而皆中節謂之和若不中

節何以謂之和眞和何必以禮節有子所謂和者是從世間人一種情識處認和惡在其爲和禮履也樂和也至和自心中流出無節而無不節必如是爲至禮至和

貧而樂富而好禮

門人問曰貧而樂樂甚先生曰貧而憂憂甚曰仰事俯育空乏其身不足那得不憂曰仰事俯育空乏其身聖人那得免只是聖人處置得宜便不憂曰何爲處置得宜曰聖人當士便士當農

便農當商賈便商賈各敬其業敬業則便不餓死未嘗分外去生枝節所以不憂曰然則未可與樂樂豈樂道耶曰昔人云有道可樂便是辜負顏子必不樂道曰未達曰孟軻氏言之矣反身而誠樂莫大焉子且反身而誠自然會樂曲云有甚麼不足處只管喞喞噥不放懷子以此去繇則知樂矣曰請問好禮之義曰子言之而吾擇焉曰世間富者多粗鄙禮致飾家庭曰此近世門面相世間人能之曰禮禮賢下士曰此

禮中之一節也曰賑濟貧窮曰此禮中之一事也未達請究其終曰子知禮從起乎天高地下萬物散殊而禮行焉禮從地起地體博厚故曰卑法地世間富者多刻薄以刻薄致富以刻薄守富視世間宗族饑寒困苦貧者流離潛然一毫不動心一介一豆護若性命若好禮則如地無所不載自然敬賢下士自然賑族周貧卽以此致貧亦富也德厚福亦厚又以長保富豈止無驕蓋世間無驕者亦只是守富一念豈彼自

然不驕小子識之過此貧富一關可與共學

不患人章

學說到知人天大的事今天下不太平總只是不知人顛倒錯亂不當司風憲者司風憲不當鎮撫者鎮撫不當要路者要路不當用者用不當退者退不當閒散者閒散不當舉劾者舉劾以致民生不安社稷不寧若真知人如置棋于車馬相士各安其位善奕者當出車馬則出車馬當用相士則用相士一着不差所以人不已知

不過一人否泰若不知人關繫世間否泰如何不患歐陽六一世間聰明漢子說爲臣不易以知人爲第一義嗟乎歷試而知知人之難也門人曰奈何以知人爲天大的事乎先生曰小子誣矣夫子說脩身推到知人知人推到知天惟知天後能知人豈不是天大的事子謂今古幾人能知天耶曰世間亦有望面目而知其人心術者何曰此聰明小慧算不得大知

爲政以德章

近時看爲政以德爲人君看作箇木偶人再不看箇以字是將心思運到虛無裏面去眞是糊塗門人曰然則與北辰居其所不相似北辰一味居其所何曾見它動所以將來譬人君曰子謂北辰不動乎夜看斗柄東指天下皆春矣斗柄南指天下皆夏矣斗柄西指天下皆秋矣斗柄北指天下皆冬矣北辰也將斗柄指一指如何說不動曰請問如何以德曰唐虞有三德六德臣工之德卽君上之德意卽君之斗柄也古有

春官夏官秋官冬官之類知今吏禮二部知道是君指春矣戶部知道是君指夏矣兵刑部知道是君指秋矣工部知道是君指冬矣一指而四氣咸備是謂法天無爲而治其舜也歟即此指

詩三百章

讀書要會讀會讀千卷萬卷只是這等不會讀千卷萬卷觸處成礙夫子約詩三百于思無邪此非開千古之眼者不能而儒者比擬擴充曰時

之一字足以文易敬之一字足以文禮中之一字足以文書正之一字足以文春秋不知時與敬中與正俱從何處來從無思處來從思無邪處來即此一言足以讀五經何止三百夫子是有丹頭點鐵成金豈止說詩學者會讀書一眼貫穿千古

道之以政章

天下百姓有三心頑民放辟邪侈無不爲已是沒恥心寧爲刑罰所加無爲清議所短此恥心也

殺之不怨利之不庸日遷善不知爲之此格心
也王者之民皡皡如也聖人爲政直從人眞精
神心術握其把柄故轉移得深若以規模條敎
鋪張粉飾民亦以粉飾應之葢上用耳則民以
耳應上用目則民以目應上用手足則民以手
足應上用口則民以口應惟德禮則上以心感
下以心應上下只有此一格此如以格格物物
不出此格我王霸之分只是此格子印証曰請
問如今德禮作何膺注曰省刑罰薄稅斂深耕

易耨壯者以暇日脩其孝弟忠信入事父兄出事長上即此爲脣注聖人復生寧有別奇特舍此別無德禮

吾十有五章

此章全要看得學字矩字親切學字何即大學之道學字大學道在明明德明明德即在絜矩矩字在孝弟慈夫子十五歲即曉得志此大學三十而立者立于孝弟慈不遷也四十不惑者明于孝弟慈不淆也五十而知天命者知此孝弟

卽天命之性除此別無天命也六十耳順者合內外之道入于圓通不滯也七十從心所欲者無之非孝弟慈也卽此是精義入神卽此是利用安身卽此是窮神知化別此而學則爲襍學爲曲學爲異端舍此爲治則爲五伯爲功利夫子一生孜孜矻矻言志惟曰老者安之朋友信之少者懷之更有何事更有何學學者明得此卻與天地同體

孟懿子問孝章

學問在崇禮禮均齊方正無違者是欲懿子以禮持身無纖毫玷缺之謂予嘗玩味此章無違是理一生事之以禮三句是分殊處須當理會無違是經生事是傳愚嘗玩敘書者上面敘不踰矩此卽敘禮矩卽禮也近世學者謂從心所欲更不思量矩字欲起能越矩越矩卽非心體矣

孟武伯問孝章

予讀此章常思淚下予㓜時有大臟病予父時時守予視臟入始安又有吐紅病予父每以凉藥

灌子及上好細茶灌之故嘗謂父母罔極之恩千百世報不得即舜亦報不得何者與性罔極故也今世間人懵懵而生再不思報父母所以未覺此言有味予思疾字所包者大人皆可以爲堯舜諉不肯爲是犯虛怯疾此身不知檢束任其放縱得罪鄉黨宗族是犯顛狂疾飽食終日無所用心是犯飽脹疾推此類最廣仁人孝子讀此能不思脩身萬一報父母深恩講疾字透骨徹髓能不悚然

子游問孝子夏問孝二章

此二章書吾輩人仕者最當玩味世上榮顯者得一王言以爲褒崇其親養親九鼎以爲奉養其親如是人子之道足矣然却不肯立身行道甚至爲權門鷹犬夫子爲鷹犬卽父母亦鷹犬矣不敬何以別乎孟子論孝在守身故曰立身行道以顯其親揚名于後世孝之至也立身行道不期于揚名而名自隨之有心立名則身且不守何道之能行

吾與回言章

先生曰癸未予在掖垣蕭希之在水部譚及此章予曰聖人盛德容貌若愚一切聰明才知剷而不章一切華藻辨駁屏而勿有鬼神不得而窺其際學學此教教此惟回深潛純粹可傳此一路而回常覺在發露一邊故曰回也不愚希之曰但覺亦足二字未妥予姑記之以似同志蓋當是時予以少年入朝精神一味發舒無復退藏收斂意思先正常數數教予收斂予是時覺

自巳以爲收斂今思之淺露之極其解雖未知合聖意否然初學聞道者留意此一步未必無小補云

視其所以章

此章不是觀人之法是自觀之法人在天地間此身目視必有所以視耳聽必有所以聽口言必有所以言四肢動必有所以動視聽言動者形也後天也所以視聽言動者宰形者也先天也能視其所以然而又觀其所由察其所安則功

夫本體一齊到手由者由仁義而行之安者安而行之之謂也知所以而又由仁義安而行之吾之所以爲人者寧有遁情哉不然視憒憒然不知所以視聽不知所以聽言動憒憒不知所以言動渾是與草木榛榛鹿豕狉狉一飽膿血行屍走肉惡乎人惡乎人此章書旨愚見偶同聖人只求諸巳斷不在人身上着功夫

温故而知新章

門人問曰句人謂之故先生曰子讀孟子乎曰天

下之言性也則故而已矣故者以利爲本率性之謂道利之謂也曰未達請詳之曰口之于味目之于色耳之于聲鼻之于臭四肢之于安逸非性乎仁之于父子義之于君臣禮之于賓主智之于賢者聖人之于天道非性之故物乎曰温之義何若曰子浴乎曰浴曰水熱則炙冷則氷子必命司湯者水宜温曰然曰子知温之義矣人用心太緊則迫切無所用心則莽蕩惟勿忘勿助卽知温之義矣曰可以爲師豈卽世之

所謂曰師曰弟子云者乎曰世之所謂師與弟子云者名也師法也學問如是可以爲世法能如是學無一弟子足爲千百世師法不如是學卽千百弟子亦是口角上先生學到知新如春花年年秀茂豈是守窠臼的學問

君子周而不比章

人只管向周比上分別予則在君子小人上分別光明正大無纖介可疑者必君子也依阿淟涊囬互隱伏者必小人也君子一味只盡其在我

不求人知小人一味狥人惟恐人不我信是君
子比亦周是小人周亦比不在一時形跡上看
在平素精神心術上看若在一時形跡上小人
停停當當與君子無別小人只是過後忘記了
本相又出來試觀立朝居鄉可見試觀交朋友
存亡可見它如和同泰驕爲巳爲人之類並當
在君子平素上觀若以一時形跡上觀小人有
做得停當過君子處而君子反覺露形跡此非
明眼者不能觀

學而不思章

於此見脩悟合一之旨學何學大人之學也思何思大學之道也大人學便欲明明德于天下便以天地萬物爲一體然不得與天下同的與天地萬物一樣的如何能學惟思同的一樣的覷破始所學不罔世間聰明覷見同的一樣的又會放曠放曠豈不是危殆不安人能帖帖地樸樸實地却便穩當世間人伶俐漢即學即思即思即學然思非落識神非落生滅不得混入識

神去

攻乎異端章

門人問曰何以謂之端先生曰子讀孟子乎曰惻隱之心仁之端也羞惡之心義之端也辭讓之心禮之端也是非之心知之端也同乎此則謂之仁義禮智信異乎此則謂之異端曰近世儒者以佛老爲異端著論闢之然否曰是時佛教未入中國若猶龍氏夫子且從問禮以是爲異端恐未然近時大儒學從葱嶺路來又欲著書

闢之分明是竊盜外面作富家翁相鄰人知其爲竊盜盜財猶可盜其道而又欲獨攘其名則吾不知

由誨女知之章

此夫子正教子路不在知上求知之爲知之不獨子路凡人亦然若知便以爲知豈待夫子而提之全在不知爲不知是知一句點掇天下道理知之淺也不知深也知之外也不知內也目得之爲視而所以視者不知何以耳得之爲聽所

以聽者不知何以心思言動亦然學者能從不知處得一翻身轉地便自開眼近世良知一提學者冐以知是知非爲良知夫是非熾然且從流于情識而不自覺惡在其爲良知故曰不識不知順帝之則

子張學干祿章

子張干祿與今人干祿不同畧有求人知之心卽干祿矣故夫子敎以闕疑愼餘四字子張好爲苟難原是多聞多見的人夫子只約其精神于

內闕疑者空諸所有也慎餘者卽有餘不敢盡也若教之多聞多見是又教之于祿矣聞見是學者一助却是學者一病不墮聞見者今古幾人故曰多聞擇善而從多見而識知之次也

子奚不爲政章

吾輩或仕或退無兩道理或出或處無兩學術出也是這個孝友處也是這個孝友徹天徹地是這孝友故曰孝友之至通于神明或人疑夫子不爲政而夫子引書孝友爲政告之可見仕學

一道隱顯一心舊説奚必居位乃爲爲政若以孝友代政事請觀大明律幾百條犯者那個不是不孝友人做出來設着這科條那一條不是待不孝友的試舉其大者如鬭毆是好勇鬭狠以危父母是鬭毆者因不孝友方纔鬭毆人命是一朝之忿忘其身以及其親是人命因不孝友方纔打死人千種萬病俱由不孝不弟來夫子此言眞是握爲政把柄千古帝王大經大法更不越此若曰居位別有政事托辭以答或人

則視政事孝弟爲兩事矣殷因于夏禮周因于殷禮禮卽孝弟之謂也

先生曰予一日同堪輿登山其人說人之禍福吉凶盡由地理予退而思之世有士縉之家彼必指某風水以神其說然今日寒儒明日爲士縉未聞其先云某風水有驗且無根帯之輩往往驟起將何說之歸予思之地理其一也有天時有人事天時如天運流行適值旺相則其人多福澤天時不可必地利難強求惟有人事可以

參天可以兩地人事豈能外孝友予見士紳家
多孝友無不昌熾卽甕牖繩樞之家其人孝友
必有興者予難一二縷數諸君不信請歷稽之
以驗予言不誣嗟呼孝友之家慶澤悠長不孝
不友立見滅亡

人而無信章

此章須要認得信字親切信是信得天地間有一
種生身道理信得及始肯學肯學始可行若人
而無信如何可行與大車無輗小車無軏其何

以行之哉夫子極提醒人今人敬神者齋戒焚香如神在上只爲它信得有鬼神學佛者舍父母棄母子只爲它信得有輪迴吾輩欲明此無上妙道如何可無信心或相處師友之間若不信就是師友精神全不理會當面錯過了如何得長進當時顏子只爲信得孔子所以孔子千誘萬誘誘到盡處始得末由地步若使顏子不信孔子一誘顏子如何得到此地步伊川明道信濂溪誘所以初得吟風弄月之趣後來二公

學問大成慈湖亦以信得象山所以一點卽悟故曰信是功德母又曰朋友有信嗚呼始而信人信人卽是自信若不信人便不自信今能信者誰天下未有無輗無軏之車却有不信之人

人而不仁如禮何章

此章書言世之強勉以爲禮聲容以爲樂者說道仁人方是禮不仁之人縱禮亦彌文耳仁人方是樂不仁之人縱樂亦聲容耳夫子他日曰禮云禮云玉帛云乎哉樂云樂云鍾鼓云乎哉所

以提人者甚切然仁與禮樂雖是三字分晰不得須臾離不得只在識仁識仁則不必言禮禮在其中不必言樂樂在其中然識仁又本諸身知人則知仁故曰仁也者人也世之以學自命有謂必崇禮者致飾儀文之表縱做得周旋中禮終是作僞有謂必先樂者脫畧形跡之表縱說生惡可已終是縱情仁之實事親是也禮之實節文斯二者是也樂之實樂斯二者終是根宗孝弟來

王孫賈問曰與其媚於奧章

聖人仕學一本諸天其學曰不怨不尤下學而上達知我者其天乎其仕曰獲罪於天無所禱也聖人畏天事天如此其謹公伯寮愬子路于季孫夫子斷之曰道之將行也歟命也道之將廢也歟命也公伯寮其如命何聖人看得天一定的道理故毀譽自由進退自由一切世態若浮雲往來太虛初無加損繼孔子者惟孟子處臧倉之沮曰行或使之止或尼之吾之不遇魯侯

天也曰臧氏之子焉能使予不遇哉孔孟家法
一本于天吾輩既是儒者仕止上若不看得天
分曉藉口納約自牖委曲行道之說所得者小
所喪者大一失泥塗遺恨千古孔孟之罪人也
儒者與郡邑相處自正禮外毫不可苟爲秀才時
如媚郡邑居官未有不媚權要一星之火種子
蔓延燎原莫過愼諸愼諸
先生又曰予嘗思媚竈者固非而爲人所媚者亦
非若眞竈即媚亦不能得其心何者竈獨不畏

天

國初蕭山魏冢宰門生爲畱官曰此事在門生輩

魏退而嘆曰彼欲偷天乎嗟乎能不爲偷天者

所使是知達天

知天則自畏天知學然後知天

惟仁者章

昔先師盧山先生常念吾里歐陽文莊發揮此章

大旨謂能好能惡旨極省人予未聞其旨請以

事證昔先正有通家子求官教之曰予非忘情

賢姪賢姪才不能爲此官予敢謂之能好人一証先正有世家子敗度絕弗與通旣而聞其悔改百方引掖敢謂之能惡人一証子路使子羔爲費宰而夫子以賊夫人之子敎之是能好子羔也孺悲欲見取瑟而歌使之聞之原壤夷俟以杖叩脛是能惡孺悲原壤也故曰君子愛人以德小人愛人以姑息又曰仲尼不爲已甚近世據權要者與人官爵不顧其所安其人身名俱毀猶感其恩愛不知好之實賊之也擯斥人

不極不止其人無復天日之想不知惡字與惡字相對充惡之量陷惡之極已自不仁可畏哉

予讀鄒子此章之解真信其爲仁人何也非身有之烏能體認至此舊訓能好能惡只完得自巳事不過自了漢耳仁者萬物一體無不委曲成全如天道滋培肅殺皆是生生以此治天下何憂萬物不得所

朝聞道章

道非意識揣摩之道徹生徹死之道原始反終之道聞非聲聞之聞徹內徹外之聞一聞萬了之聞死非形骸之死即生即死千休千處得之死

世學者輙以是爲了死生一大功案然粗言之
卽如今人好色的若得遂卽死也干休如此言
亦可細言之了死生亦可
或問曰殺身成仁舍身取義亦可謂了死生乎先
生曰此可謂得當而死從一而死若以爲便了
死生恐未盡然
士志於道章
先生曰予幼讀好衣不上節士體粱肉恐礙腹中
書又讀欲做好人清節苦要圖快活令名污四

句有醒少年惡衣惡食能甘長而入仕途漸漸浸淫如油入麵因嘆夫子此章極庸常極微細予入朝見吾師朱鑒塘先生尚實孟我疆先生大宰陳心穀先生忠介海剛峯先生文潔鄧定宇先生衣冠樸陋如古人四公皆一心慕古不假外飾故卒為世大儒為世名臣世間人亦有惡衣惡食者其微在官上起念人眼最毒先正聞入省穿白直裰者吉水人今吉水素風不能盡如昔無怪人才不盡如昔讀此章願以身體

貼恥乎不恥乎無忝爲士透得此一關方好撑

着肩頭來擔此道

先生又曰甲戌予入青原同䊵中岑年兄飯䊵兄

曰予輩做一衣要幾兩銀置者予思輕鬆可置

數衣分其餘可以周昆弟之貧者予聞其言下

拜

又曰癸未予在掖垣身穿大小木棉襖二後上馬

不能打躬庶覺累隊遂以杭細置二襖上馬打

躬始便又越十年予以綿襖爲當然不復知木

棉氣味子常曰富貴不能淫淫字以漸而浸淫之謂世以絲綿作內褻衣者何心忠介在南都半年後滿身光華人曰海先生近日像箇樣子予謂海先生心與惡衣惡食一般學人當飲食不要有飲食意思當衣服不要有衣服意思一味率真去

放於利章

此節書要認得放字放即莊子云放道而行之意蓋其人心只知有利再不知有義若知有義自

不肯放於利如入市攫金目中豈復有人這樣人害人多矣夫子曰多怨還是渾厚夫子立教教仲弓爲仁曰在邦無怨在家無怨曰伯夷叔齊不念舊惡怨是用希口口要人避怨可見怨亦當避吾輩居鄉固不能使人德亦豈可使人怨匹夫匹婦之怨上通于天今人曰我不怕人怨總只是利字昏了心利字昏了心想只是不肯安貧不肯安貧總只是不知命若知命菜根蔬食皆已前定明朝一飯先已書籍卽多取悖

出徒自取怨耳或曰做官不得避怨予曰做官固不當避怨然有不宜于人者亦當曲爲之體察其心而委曲安全之只嘗說不避怨民不得其所多矣于國家無益也

不患無位患所以立

此二句學者只謾讀過說立字淡然無味不知此立字是特立之立挺立之立獨立之立特立如羣木萬卉蒼松特秀挺立如駕一葦洪濤不隨波逐流獨立如孤峯獨聳近世學者讀書只一

昧隨衆及至作官前後傳教曰不要得罪人又
教之奉承人夫以下敬上以卑承尊豈可傲慢
不知今之所謂奉承者奔走耳阿諛耳上司要
入人罪不敢允視古不殺人以媚人者不爲矣
上司要行不義甘心行之視古行一不義得天
下不爲者以爲迂矣一則曰從權一則曰隨時
不知一隨隨到老官大權重四面逢迎者衆彼
自以爲真正不知隨波衆流當大變故日首鼠
私竄必此人這樣人濟得甚事學者有位更硬

着肩頭定着脚根遺佚不怨阨窮不閔萬死不悔始成立字不然如敗絮舞風寧有了期

參乎章

夫道一而巳矣以爲有一却又是萬以爲有萬却又是一一即萬萬即一如學者云以一貫萬是一是一萬是萬豈不是兩件曾子至此疑情盡釋蓋真積用力之久一旦豁然貫通不覺直領無疑至門人問即以忠恕盡之蓋隨地成金無異同無是非精即粗粗即精而後世便以忠基

乎恕恕本乎忠豈不是成一塲話柄學者未能信此風光一味恕將去自有好消息應

君子喻於義章

此章青陸象山講得令人泣下予思喻字未透徹上面曾子曰唯唯卽可解此喻字矣虞廷都俞吁咈俞卽唯人呼卽應曰唯此一唯命脉貫徹髮膚君子喻義流貫無一處不到如子龍一身都是膽有一處不到便成痿痺不仁小人喻利亦無處不到雖然未悟曾子一唯縱事事合宜

言言合義終成喻利悟此一唯始爲義之盡不然如服烏頭毒毒終在裏

見賢思齊

此夫子敎人任道之勇希聖之功待人之恕今人見賢輒患虛怯症若能思彼人也我亦人也彼耳目口鼻手足我亦此耳目口鼻手足因甚不同思到同處始勇猛發憤色色具足仁爲己任舊說思與之齊是從他人身上比擬一團世俗心腸思與之齊必不能齊思元齊則無不齊此

希聖要謹人有不賢輒內自省曰彼亦人也說他好處他喜說他不好處他羞愧只是一念差了我自省不賴此學一念而差與渠爭多少待人自無不怨羅近溪先生毎見人作不好事只說怪不得予友楊復所提掇在所藏乎身不恕章發揮予受此三字益常常思怪不得三字有味能實體貼自然不過求于人而同於人

父母之年章

父母之年不但是父母之年卽人子身上亦皆父

母之年夫子一生不虛父母之年十五便志學三十便立四十便不惑五十便知天命六十便耳順七十便從心所欲不踰矩未到此可懼既到此可喜孟子四十不動心古人决不虛過時光予回思在父母膝下總角時如一日一入仕途轉眼三十又四十又五十做得甚人學得甚學幹得甚事天地間一廢人人安心自足無日不喜人若欲無忝父母無日不懼此真孝子之心真孝子之言讀之墮淚

## 德不孤章

借問何以謂之德若以為有得于心則不謂之德矣此夫子為初根學道之士而發今人初向學于世不便怕人取笑沮撓多少不得自由即如講學之士在仕途極是不便人向道不篤的便令退轉若真信千古而得一知者猶比肩也便能自立便能自信便能一家非之不顧天下非之不顧蹤孤立與天地同流與萬物同游衍何孤立之有不能自立東挨西靠口嘴上討得箇

好字眼前容易過誤却平生事業矣自立者而後能立德至大德地步人皆吾與豈止有鄰

事君數章

數音塑

此章書聖人說人臣事君宜一味忠誠不可參權謀術數一參權謀術數就取辱矣爲人交友宜一味樸實不可參權謀術數一參權謀術數就取疏矣何者天地間只有一個誠實若誠實天地可動而況人乎蓋君之爵祿乎臣友之締交

一乎我只在此心此心映照如定盤針偏于左人認得左偏于右人認得右臣若事君以仁義君知得是仁義友若交友以道德友知得是道德雖當時未必如魚水之懽金蘭之契久久跌打不破若懷詐飾知以事君懷詐飾知以交友當時造膝之懽刎頸之交久久有破綻夫子當春一秋時若看破戰國這一班押闔之流故先預說一此病你看戰國之時蘇秦張儀孫子龐涓輩事君交友那個不以數成竟以數敗聖賢之言誠

萬世良藥若敎事君不可數則古人臣折檻攀裾補牘尸諫之流皆辱矣雖一時之辱實仁則榮也君子不以爲辱

賜也何如章

道在天下執之不可舍之不可賜在聖門是個達才豈不是器是瑚璉然于至道上却用不着伯夷是清伊尹是任柳下惠是和孔子不由先正曰何曾說聖人清聖人廉聖人孝卽此可觀聖學矣其先儒又曰堯舜事業一點浮雲過太虛

又曰玉屑雖貴不能置之目中孔子空空如也所以爲聖之時顔子庶乎屢空所以末由也已夫以瑚璉美器聖學且不載若小有得而小有才欲以自鳴者其器誠小矣故曰如有周公之才之美使驕且吝其餘不足觀也已驕吝一有有之心即係驕吝故曰君子不器又曰大道不器

孟武伯問子路章

仁非外事而爲仁即事即仁此惟在自信而後知

仁非人所能言也武伯問諸子而夫子但許治兵治賦與賓客言蓋就所長處言謂仁該治兵治賦與賓客言則可謂治兵治賦與賓客言不是仁亦不可予嘗謂令尹子文之忠忠即仁陳文子之淸淸即仁惟在自信得過疑情未斷忠與淸未得爲仁疑情斷即忠即淸即仁所以漆雕開曰吾斯之未能信此是千古眞正語畢竟何以爲之仁曰謂之仁鬼神不得窺其端倪夫子所以一則曰不知二則曰不知諸子只爲有

才可見有忠與淸在

吾未見剛章

夫子所謂剛非今世以血氣爲剛之謂自心自性能惴惕寬博亦能萬人吾往能潛能惕能飛能亢而世人以悻悻爲剛不知正北宮黝之謂矣申棖之欲亦非如世人沉沒利欲之謂一有意焉卽謂之慾何謂無欲一而已知一者可與語聖學夫子畏陽貨避匡人却能墮三都却萊夷切莫錯認

或曰近時諸君子正直亦可稱剛乎曰不可謂非剛不學則化爲繞指柔能學亦化爲繞指柔能學化爲繞指柔者非柔也和也和不流于訐不學化爲繞指柔者非柔也有所求也求遂流于失本心

夫子之文章章

夫道一而已矣以爲顯却又微性與天道是也以爲微却又顯文章是也微即顯顯即微故曰顯微無間學不見體動輒落顯微二邊夫子文章

一卽是性與天道若以爲文章外別有性與天道則性與天道與文章有二矣道果有二乎哉若以爲性與天道不可得而聞則無行不與二三子夫子是虛語矣夫子欲無言子貢以無言則小子何述夫子以時行物生告之夫時行物生卽天命於穆不已別從時行物生求天命卽造化有時而窮矣先儒曰灑掃應對便是形而上者愚故曰文章卽性與天道性與天道不外文章道無精粗學無顯微方是一貫

子路有聞章

道不以聞而有不聞而無以聞而有則以不聞而無不以行而著不行而隱以行而著則以不行而隱故凡有所待于外皆義襲也能信道體無聞無不聞則萬物皆備能信無行無不行則萬古不息子路任道之勇雖可嘉而信夫子不信自性信耳不信心求多不求少求益不求損與顏子默默自聞自行者隔一步在此

晏平仲章

平仲交道全在與人爲善與人爲善所以亘始亘終不移不重在敬上若単単在敬上不過禮貌致飾令人有一善言訓誨人者終其身久要不忘爲一鄉之善士一鄉人久而敬之爲國與天下善士者國與天下人久而敬之予故曰善則久久則敬或問曰予輩除却平仲不論今何以與人爲善曰此非言語意氣所能辦也與人爲善在自巳真精神對越天地感格鬼神見者如春風披拂飲人以和人不自知豈湊辦能到

## 伯夷叔齊章

伯夷叔齊聖之清者也地步又高眼界又濶宜下視塵寰皆腐鼠狗彘輩却不念舊惡此是何等心腸何等胸襟蓋二公學在求仁求仁則明明則知人未有惡根廼是意根作祟學不得力未有不動于意者求仁則恕恕則人既有惡其善根依舊萌芽苟得明師未有不反邪為正者此所以不念也伯夷叔齊學造到無念始能不念若空空說不念舊惡終是不得力亐近見居官

在朝以淸節著名者肯見小人一陷邪路攻擊不巳不知當時一念只是要作官心腸蓋此等皆縉紳之流自少讀書執筆父母師友鄉黨只是富貴心腸也怪他不得不必過求見小官一毫過取深刻不已不知你官大俸厚小官受多少苦楚口說不得不必苛刻曰體羣臣體字有味夫有淸節者貴有容德知此則可與語仁

顏淵季路侍章

先生曰庚寅予在都下樂安詹侍御同董少卿請

子酒坐間問予是章大意予曰二賢只爲多了願字願一起起爐作竈夫子隨地成金帝王也做得聖賢也做得中下平常人也做得那箇人無老者無朋友無少者如此歡歡喜喜過日子徹天徹地亘古亘今千百世也做得無願無不願故曰我則異于是無可無不可故曰無意無必無固無我一起願卽動意動意卽昏然顏子所謂伐善施勞却又入細若矜伐其善與功聖門諸大賢皆不爲此顏子見善自天性順天之

便不用人力脚撈手擾此謂伐善此謂施勞化
之與夫子老安少懷信友同吉君矜伐卽子路
亦未必如此豈顏子地位侍御首肯與子交拜
而別

雍也可使南面章

南面者卽今郡邑南面臨民皆然朱子謂有人君
之度大凡君一邑君一郡卽謂之君若以爲天
下主夫子從周爲人臣致敬盡禮是教仲弓悖
叛不臣矣豈得爲居敬仲弓曰居敬行簡居敬

即事上也敬行簡即使民也義以忠君之心臨民然後可居南面以臨民之心臨民則為大簡居民上者要須天鑒在茲神聖臨爾無虐煢獨而畏高明一民不敢慢為敬若以敬為端莊嚴肅之容則臨朝莊嚴如神者亦居敬耶

哀公問弟子章

或問曰不遷怒不二過朱晦翁言怒於甲不移於乙過於前不復於後而近儒以為心常止故不遷心常一故不二先生曰朱晦翁所言在效驗

而近儒所言則本體惟止故怒於甲不移於乙惟一故過於前不復於後然怒於甲不移於乙而心愈止過於前不復於後而心愈一此二說固無間也但中間尚有功夫未曾說出就是心常止心常一如何得心常止心常一非竭才仰鑽不能到此地步與癡人前亦似說夢若未識心常止心常一卽造到怒於甲不移於乙過于前不復於後亦美不得聖學還是義襲而取

賢哉回也章

飯蔬食飲水曲肱而枕樂在其中此孔子之學也一簞食一瓢飲不改其樂顏子之學也此是一宗公案昔程子受學周茂叔每令尋仲尼顏子樂處所樂何事周茂叔以此鉤鑄二程二程歸吟風弄月有吾與點也之意愚于此處尋究二十餘年求其樂竟不可得世之儒者又强爲之說曰顏子樂道伊川却又說曰若道顏子有道可樂辜負顏子此言殊失聳初學士未得孔顏之樂請先看破世人之憂知世人之憂則知孔

顏之樂世人之憂憂在富貴孔子視不義富貴若浮雲吾輩直能浮雲富貴不患不到孔顏樂處若希心世途妄談樂地是口恬而心苦也夫樂何啻千里萬里

非不悅子之道章

冉求以夫子求夫子不反諸身所以不足反身以求夫子則萬物皆備何不足之有以力求道不以心悟道則有不足若以心悟道欲仁仁至何不足之有故夫子以畫告之畫地自限障蔽性

靈東向望不見西墻南向望不見北方孔子登東山便小魯登泰山便小天下所見益高視下益小地豈得而限之吾輩欲希聖若畫定樣子做人日見不足海闊天空日見有餘如畫定做狂做狷卽狂狷不能到畫定做聖人卽聖人不能到孟子曰萬物皆備於我矣反身而誠樂莫大焉誠者有諸已之謂也

子游爲武城宰章

此一章見聖門取人自治之法全備子游宰武城

夫子就問人才可見聖賢經世之畧只在求賢自輔賢才得則天下可治也矧一邑乎子游即以澹臺滅明對曰吾邑其人有澹臺滅明者其心術正大光明絕不行蹊徑小路之事何以見之非公事未嘗至於偃之室也世間有一種養高的人䟽邑民生利病若秦越人不相關彼則惟公事則見偃得以除利去害是滅明之力也世間有一種奔競的人終日以私事見惟彼則私事未嘗至於偃之室也邑得以風廉振懦滅

明之力也子游取滅明之意如此予嘗思滅明其行不少概見獨不請謁一事卽見稱聖門予輩自待者重無以公堂爲坦途無眎邑民利病如秦越吾邑風俗勝於天下只是士競競自守一件不減先輩風度前後輩相承確當謹守勿得踰越以重鄉邦以不愧父母兄弟妻子雖然子游亦有足多非子游則以公事相商量者謂爲多事不至偃室者謂爲簡傲矣吾輩寧得罪今人無得罪聖門

誰能出不由戶章

此章書夫子極提醒人說道今人那個出不由戶何莫由斯道也蓋就人日間無頃刻離者提醒人其實由戶卽是由道非是由戶與由道有分別不但此也予謂日間個個穿衣穿衣卽道個個吃飯吃飯卽道個個說話說話卽道人於此信不及所以不知卽不知個個在由道道不曾離故曰人莫不飲食也鮮能知味也今人不肯信道任道只緣當時任道諸儒將道做天大的

事講學做極難的事過于張皇所以萎靡之徒望之心驚若反求諸身實有諸已這個道個個有的個個日間在由無甚奇特是家常茶飯孟子發揮人皆可爲堯舜者徐行後長何等簡易何等親切

人之生也直章

人生跌地來頭象天足象地目象日月口象山四肢象四時當哭便哭不是思了去哭當食便食不是思了去食當睡便睡不是思了去睡當惻

隱辭讓羞惡是非便惻隱辭讓羞惡是非不是思了去惻隱辭讓羞惡是非試觀孺子入井人皆有惻隱之心便可見端倪若不直卽罔生耳故悳字從直從心易曰直其正惟直斯正斯方斯敬斯義晦翁云生理本直如耳之聽目之視鼻之齅口之言心之思是自然用如此若纔去這裏着些屈曲支離便是不直晦翁之解亦如此

一簞食一豆羹得之則生弗得則死嘑爾而與之行道之人弗受蹴爾而與之乞人不屑也此直也萬鍾則不辨禮義而受之爲宮室之美妻妾

之奉所識窮乏者得我而爲之此罔也此之謂失其本心聖人點人直處罔處何等苦心

或曰語云直如弦死道邊曲如鈎得保全然則直何居先生曰直非倖倖之直也君子義以爲質禮以行之遜以出之信以成之此所謂直也若以倖倖爲直是之謂罔

知者樂水章

有孝廉問是章大旨先生曰須要曉得箇仁知合一處方才知得是知便樂水便動便樂是仁便

樂山便靜便壽若仁知合一山也好水也好動也好靜也好樂也是壽也是故曰仁者見之謂之仁知者見之謂之知曰何以造得仁知合一曰仁知本合一只爲有了見在一落動見便落知邊一落靜見便落仁邊息機忘見仁知現前曰然則何以息機忘見曰公食焉能俾吾飽

默而識之章

識音釋

此一章書千聖心傳總在於此夫子一生發憤忘

食只此一章說道道本無言識道以言所得者淺也有默而識之者焉以心得之超然自得書言象意之表是所謂默而識之者也學此於巳則日新又新罔有厭心誨此於人則俱立俱達罔有倦心何有于我哉夫子非謙辭也不知老之將至正是此一生功課請問識是識個甚吾人自下地來必有一件與生俱生認得這一件真不虛生不虛死不認這一件生是醉生死是夢死既認得方纔好學如食蔗相似轉入佳境

豈得有厭方纔會誨人如叩鐘相似越叩越鳴豈得有倦舊說以識爲記問之學如何能自得既無自得則資之不深學就便厭資之不深則取之左右必不逢原誨就會倦明道曰學者先須識仁子曰知及之孟子曰始條理者知之事也皆默識之謂欲理會默識境象請觀猫之捕鼠又看陰捕之捕賊事怕有心人一年二年三年併心摶精識不得愚生認失言之咎

德之不脩章

此章不是四開看是句句相承德之不脩由于學之不講學之不講由于義之不徙聞義不能徙由不善不能改只重在改不善改不善卽是徙義卽是脩德學者學此講者講此顏子有不善未嘗不知知之未嘗復行易曰不遠復無祇悔卽此是德卽此是義顏子大賢且不越此況聖人乎真正從改不善起脚不愁不廣大不愁不高明不愁不精微不愁不到聖賢佳處于生平有大疑團在胸中未央孔子一個大聖且以不

講學爲憂後世天縱豈能如孔子動輒不信講學是自絕善根也疑一講學人不得力亦有務名者然其人善根猶在世人作惡排斥不遺餘力然則必不講學始可同流合汚耶疑二嗟乎天與之五常之性聰明睿知堂堂大道千古正學不一開眼置身其中是謂之溺民是謂之喪心

二三子以我爲隱乎章

道在天壤間天自高地自下日月自明星辰自燦

山自峙水自流花自香鳥自飛魚自躍只緣人不肯識取肯識取者又索之隱微二三子亦疑夫子有隱故夫子以無行不與二三子示之夫子之教二三子可謂竭盡無餘矣豈但二三子即原壤夫子以杖叩之是無隱原壤也孺悲取瑟而歌使之聞之是無隱孺悲也夫子豈於二三子有與而于他人有不與耶識得此無隱真是縱橫自在當時及門之士惟顏曾直領此不惑一提之非禮勿視聽言動即曰請事斯語曾

子一聞卽曰唯視聽言動莫非吾行除却一唯亦無一貫學者請開千古之眼無日道體至隱入幽趣而不振也

詩云戰戰競競章

曾子臨終才說出宗門一著吾知免夫蓋傀儡之技巳窮線穿木索一齊休之謂非無遺恨之謂也學問到此一步才曉得性自吾性命自吾命萬法皆由心作心旣不作法何處有卽今休去便休去若要了時無了時先儒言之矣學者不

透此以心運法以法自縛真所謂將鍼刺骨血淋淋不知悔也曾子豈不欲早拈此一步蓋懼學者玩美放肆流無忌憚故曰聖門曾氏之學獨得其宗又曰篤信謹守故傳之無弊欲透此學必自戰戰兢兢來

民可使由之章

往古來今知愚賢不肖無一人不由道千百人中得一知者千里如比肩也人莫不飲食也鮮能知味也子曰由知德者鮮矣知豈容易得的使

父而可使子知則夫子當先使伯鯉知矣使師而可使弟子知則知孔門不必顏子一人得其宗矣然則終不可使知卽悟曰自悟脩曰自脩求曰自求得曰自得反曰自反故曰爲仁由巳又曰所以考其善不善者豈有他哉于巳取之而巳矣曰然則何以爲知之曰子食瓜乎恬也苦也爾自知之子飲水乎寒也温也爾自知之非人所能說卽子欲形容苦恬温寒之味子亦不能說矣然則既知之後若何曰既知知如同未

知人即欲求異凡民不可得斯之謂真知

吾有知乎哉章

南都興善寺大理弘陽王公論及此章先生曰聖人之無知以空空故鄙夫之來問以兩端故兩端不過是非之謂將鄙夫是非竭盡無餘鄙夫亦空空矣諸聞者未能盡信一日舉以似羅給諫公廓公廓曰此即自空空他利根如是今天下學者終日是非紛然異同熾然只爲此兩端在其去空空之體日遠矣聖人無知衆人多知

賢人有知聖學只求日損不求日益

先生又曰予一日讀君子多乎哉不多也下面即繼此章可見夫子之聖只是空空不在多能求多能愈不能空空無所不能未信此關此世之所以多鄙夫也

顏淵喟然章

道高乎曰高矣不盡於高也道堅乎曰堅矣不盡於堅也在前後乎曰在前後矣不滯于前後也卓爾乎曰卓爾矣不可以形象求也末由乎曰

末由矣非身親如顏者不能到末由之域也仰鑽瞻忽何等竭才不竭才則不卓爾不卓則不到末由顏子數語形容道體千古再無人如此親切祇緣夫子善誘顏子能爲夫子所誘誘者即令誘人逛之它鄉到水盡山窮處走過一遍忽得還家也文禮除了高堅前後無文禮除了仰鑽瞻忽無博約善學者即文即禮即博即約岐文禮博約而二之者陋儒之見也

有美玉於斯章

夫子此章不但行道即明道亦然學問一明何啻美玉我求童蒙則美玉按劍童蒙求我則大樸可斲世間學者稍窺一班見人輒售不知美玉求售人以爲頑石矣真正求美玉者望氣而知其爲良玉重價何惜真正欲聞道者望眉宇而知其爲閑士性命可舍

苗而不秀章

世間有一種資美人不肯學學則變化氣質如草木之秀茂學到秀伶儱乾淨然道却又平實亦

有畧見些道理頭面又不肯着實千古惟夫子秀而實十室之邑必有忠信如丘者焉有所不足不敢不勉有餘不敢盡言顧行行顧言君子胡不慥慥爾何等切實吾輩學惟一實字照暎千古今學謂惟一悟便了卽至縱恣放蕩亦所不顧彼自以爲嘉穀吾則謂之荑稗矣孟氏願學孔子者發揮實字仁之實事親是也義之實從兄是也禮之實節文斯二者是也智之實知斯二者樂之實樂斯二者更於實字提出孝弟

來學者便有路走必如此方謂務實之學

後生可畏章

夫子說後生固可畏然焉知來者不如今不可畏也何也四十五十而無聞焉斯亦不足畏也已人到四十道明德立却不聞道人到五十血氣將衰又不聞道這樣人生是虛生死是虛死與草木鳥獸一樣何足畏哉予竊謂此夫子屬望後生之意說到五十猶是放寬一步予歷觀前古大聖大賢無不自二十歲後大立根脚明道

作定性書時年二十餘歲陸象山自少即悟宇宙即吾心吾心即宇宙白沙二十七即見聘君兀座陽春陽明三十餘歲即於龍場有聞萬里聖途行一步有一步光景轉一處有一處履歷非一歲月所能聞也須早辦行程始能涉遠人而真有志自三十歲覺與二十歲不同自四十歲覺與五十歲不同常若泣下則自不容不發憤自不容歇手或曰近世前輩見後生有聞者輒以其生平經歷自忖不加許可何耶予曰此

在人自聞者何若若真有聞終日與庸人俗子無異何以人知不知爲言前輩不許可者亦彼眼未光耳先輩見人下樓去便云此理已呈露此先輩鏟爐不同予嘗戲云有二十歲而登仕路者有五十而登仕路者老者曰我入仕遲早者不是在人悟否耳大道茫茫至理無象聞道無先後立志無難易無恃紅顏轉瞬成翁神枯髓竭思之涕零

衣敝緼袍章

飲食極微微細事孟子舉之以揚曾子之孝衣服極微細事夫子舉之以彰子路之守此二事雖極微細事那個不以是損志不以是動念惟聖賢觀人于微方能看得眞人不足便有求求而不得則有害于人有害何臧之有子路終身誦之即南容三復白圭之意蓋懼其終身猶有所求猶有所害非自足意也夫子進之蓋欲其若無若虛也夫不求不害子路看得大夫子看得細夫子蓋有見于性體知性則知天天體至虛金

玉雖寶繫之則墜未知性體而妄以善自持是
繫金玉於空也學者未能透此且以自守爲先
自守能於飲食衣服澹泊得耐得定看得破則
可以省事可以寡欲可以宜家宜鄉一無所求
不然多欲多營多害相須而成吾未見其可也

歲寒章

夫子意爲世之用人者發時危而得一賢臣則亦
晚矣唐安祿山之亂州縣望風而靡止得一顔
真卿不知真卿作何面目宋季之亡止得一文

文山當時假有聖君賢相用二臣二臣以類而進宗社不屋旣亂而二臣以節著亦無及矣松栢亭亭直立不屈不撓豈如蔦蘿附喬蓬蒿附麻千纒萬繞左挨右靠非欲植明堂棟大廈者其孰能材之嗟乎今之蔦蘿輙自附于松栢自以爲松栢無隻眼者亦從而松栢之匪直歲寒彼亦以無凋自托然終不能逃其隱處于詩曰松栢有直性有味哉有味哉用人者當求松栢而知人者亦當不爲附松栢混溷始可以扶世

道

知者不惑章

一日予過一親看渠新屋予曰某于陰陽家不宜親曰知者不惑予隨應曰公曾惑過了不曾若不曾惑過恐于知尚遠予退而喜此言之有當于學也吾輩聞學胸中必有大疑團作楚疑團日損月融方才入知人知而後能不惑未能惑決不進于知進于知而後能進于仁仁方能樂天知命故不憂進于仁而後能進于勇勇內省

不疚夫何懼知知憂而後能進不憂知懼而後能進不懼然進學以知爲先以惑爲入知之門

可與共學章

夫道無行不與無可無不可有可便有不可夫子層層爲學者掃階級學者悟得此直須承領當下或曰然則可與權之義何居予曰權如拳合卽爲拳開卽爲手時開時合時亦是由人夫子言仁言性言孝弟亦只是權教無實法與人悟得無實法始可與權或曰可與權亦有層級否

曰若執定有權亦是有層級故夫子下而曰未之思也夫何遠之有正是掃可與權

孔子於鄉黨章

先生曰先正謂鄉黨一篇分明畫出一個聖人予竊謂莫如此章在鄉黨恂恂似不能言在朝廷便便即所求乎子臣弟友未能也不能言惟謹爾即有餘不敢盡也予嘗謂聖人別無奇特學術只是在鄉黨謹厚樸實之至而欲學孔子者輒危冠危服異言異動以自別于鄉黨則孔子

不當恂恂矣此後儒之誤也便便惟謹者不敢輕傷一人害一物之謂也後儒慕孔子便便再不體貼惟謹心腸蓋恐便便中或未免傷人害物故不敢不謹而後儒又輙附誅少正卯之事以自比擬近時吾友楊復所辨之甚悉予竊謂誅或以言誅之如誅宰予之誅然亦萬不得已蓋孔子在當時如麒麟不踐生草學孔者當如麒麟鳳凰不當爲鷹鸇猛獸

又曰近一同志被誣而一大理面審欲入重比之

科曰誰請他講學該殺吾里王養初在比部正郎執筆不允大理怒而投筆曰孔子也誅少正卯王曰只怕不是孔子便會妄誅了予聞此言欲下拜千古之龜鑑

回也其庶乎章

屢空所以爲顏子空空則夫子矣貨殖所以爲子貢屢空則顏子矣子貢學已成章只是不從性命上顯見流行沿門持鉢雖有億度亦是意識世之儒者分更分漏若何爲天理若何爲人欲

若何爲性爲命自以爲學問成章譬之貧儒暴富終不脱暴富相嗟乎後世爲億中之學者十而九而有譚及屢空之説者則以佛闕之彼蓋逐影隨聲掠人口吻以充殘腹若直從自家風光一透始知學除此無歸宿也

子路曾皙冉有公西華侍坐章

天下事不可以有意爲亦不可以無意弛爲者敗之執者失之三子之志必于有爲者也有爲則有所待點言志隨位而行者也隨位而行則無

所待夫子志在用世而獨取點者蓋遺天下而後能任天下出世而後能經世彼規規于事功之末者其器誠小矣雖然曾點見地非容易到先儒云舞雩三三兩兩自乾乾惕厲中來若無苦功驟而語之以曾點見趣似癡人前說夢

居則曰不吾知也如或知爾則何以哉夫子約諸賢于內下學上達知我其天此夫子實學三子以事功爲以去達天之學尚遠曾點隨地成金其于達天之學也可入何以之義甚細即吾斯

之義點所指者何知知斯則知以矣

顔淵問仁章

朱晦翁謂克己復禮必克己而後能復禮世儒謂克能也己我也謂能使吾身復禮便是仁兩者互相秦越然予竊謂爲學如道路然不問遲速惟期到爲是學不論頓漸惟身有受用便是果能無人無己通天下之志即先克己而後能復禮亦可若不免有人我相一膜之外皆吾秦越即言能使吾身復禮說得明用不著何益之有

曰然則子何說之歸乎曰先儒言之矣曰仁者以天地萬物爲己認得爲己何所不至吾儒認得己字親切則且無己無己而後能通天下在人發心學便欲明明德于天下天下不歸仁如何羙得仁故曰爲仁由己而由仁乎哉此當仁不讓之决辭也曰然則四勿之旨何如曰世儒悟得天地萬物爲己者多高明高明者知崇四勿之旨禮卑之實功也禮卑而知益崇夫子徹上徹下語如是它日顔子自敘曰夫子博我以

文約我以禮曰先儒乾道坤道之旨何如曰乾坤合德匪離乾爲坤離坤爲乾

仲弓問仁章

仲弓問仁夫子夫子告曰人心易忽畧出門如大賓之見使民如大祭之承大賓大祭敬之至也已所不欲勿施於人恕之至也在邦無取怨之道在家無取怨之道和之至也即此是仁仲弓曰雍雖不敏請事斯語便是仁爲已任所以列聖門德行之科愚嘗謂此節書出門使民舊說

主敬然敬不是作一個嚴肅之狀功夫全在己所不欲勿施於人纔有下手吾輩出門未有不與人接時如大賓之見又敢以所不欲加于人使民多以百姓易與如大祭之承又安敢以所不欲者加于民如是則我無取怨之道人孰得而怨我即此是在邦必達在家必達之旨先正云無忠做恕不出愚謂無恕則敬不行使不恕即作一敬肅之狀是文繡而土木也其實一也雖然世間有一種寬緩的人自以爲恕去恕之

旨遠矣夫子告子貢終身之行盡于一恕孟氏
曰强恕而行求仁莫近焉知恕而後知敬

仲弓爲季氏宰問政章

政體在用人人雖聖賢不能無過在寬而容之故
赦小過人多中才不可無激勵在舉賢才小過
賢才即有司中之小過賢才推賢讓能我有是
心人皆有是心我倡之于先不患人不隨之于
後聖人御世大權即此可見不但爲宰已也帝
用之則帝王用之則王世世可率由之君相可

率由之然聖人所謂知者非以意氣爲知灼見其心術才猷然後爲知所謂舉者非如近世循資以官人傳說舉于版築之間膠鬲舉于魚鹽之中管夷吾舉于士孫叔敖舉于海百里奚舉于市仇可舉盜賊可舉遠可舉近可舉親可舉此古盛王氣象不能不望于今之世矣

無欲速章

此雖是說政夫子實告以治心之學源泉混混不舍晝夜盈科而後進放乎四海流水之爲物也

不盈科不行君子之志于道不成章不達自得之則居之安居之安則資之深資之深則取之左右逢其源如何欲得速如何見得小利二者病常相因欲速必見小利見小利多至欲速學者欲明心地必涵泳從容寬以居之若未得汲汲求㝵未悟汲汲求悟越求得越不得越求悟越不悟豈不是欲速不達若少有得便自以爲得少有悟便自以爲悟此人終身不大豈不是大事不成宋人有閔其苗之不長而揠之若茫

茫然歸謂其人曰予助苗長矣其子趨而往視之苗則槁矣此見小欲速之獘也不怨天不尤人下學而上達此無欲速無見小利之實也悟此于爲政也何有

克伐怨慾不行章

天之健天之體化化無窮生生之謂易人之心生生不已夫仁之體卽心心生生不已那有不行時候原憲識其所以不已者則自無怨尤卽有怨尤而亦仁也廼以克伐爲功以不行爲驗是

硬把作心而與心之本然之則天然之妙者懸殊矣故夫子許其難不許其仁夫子以忠許令尹子文以淸許陳文子以治賦許子路以爲宰許冉求以對賓客許賜並不許其仁仁之難言也如此曰請問何以爲仁曰夫子曰若聖與仁則吾豈敢抑爲之不厭誨人不倦則可謂云爾已矣曰請問爲何事曰其爲人也發憤忘食說爲人那一事不是仁那一念不是仁後儒謂心者遺事重事者遺心豈得爲仁

子路問成人章

人之生也自知自廉自勇自藝自禮自樂色色具足不須從他人身上湊補今之成人者何必然不是說不必如此若以爲不必如此是聖人薄待天下矣聖人云得若人焉吾之幸也然未必得若人得見利思義見危受命久要不忘平生之言之人亦可以成人矣夫聖人曰可者猶有所未盡之辭然則成人外若何爲至學者明得盡渣滓便渾化可與語上矣

君子上達章

或問曰何以爲上達乎曰夫子言之矣曰不怨不尤曰下學卽此是上達反是卽下達矣下學卽君子之道四一節盡之舍子臣弟友言行無學學在此在邦必達在家必達非達如何若小人不務根本上求厭常喜新厭平務奇自以爲達流于聞矣上下二字只在求己與求人看出來曰達之義終未明白乎曰孟氏言矣流水之爲物也不盈科不行君子之志于道也不成章不

達水足此而後逼彼非能一蹴而至者道必知
所先後非能泛濫而入成章與達卽下學足以
盡之矣曰成章義畢竟未暢曰夫子道之矣斐
然成章斐然者有條理之謂有條理卽知所先
後脉絡分明也究竟只是循循下學

不逆詐章

人人渾是一團至誠天性只是自小或父母不善
教導或交遊不善漸靡遂流于詐流于不信今
人伶俐者亦能先覺世情熟者亦能先覺何足

爲賢夫子所謂先覺者以斯道覺斯民也詐者吾以道覺之不流于詐不信者吾以道覺之不流于不信此非大賢不能

韓魏公曰覺人詐不形于言自有餘味此語容則有矣覺則未也大凡處詐與不信人先有心逆億則純白不備大聖大賢何物不容能覺吾之覺者轉于至誠是爲善矣不然彼自詐彼自不信安害人徒自害耳

羣居終日章

此一節書識得小慧字慧字原不是不好字眼因是小所以不好了請將大智對小慧字小慧如燈燭之光大智如日月之明人世羣居所言者不及義止是好行小慧這樣人自私用知難矣哉難矣哉聖人意傷之而猶渾厚不露今有志于學者若不從大光明藏磨勘露出精彩爲巳有羣居終日雖說若何爲心若何爲性若何爲孔門之旨若何爲宋儒之旨是言不及義也終日依傍名節之跡彷彿義理之事便是好行小

慧也何者說性說心者墮道理障依傍名節者
墮鄉愿窟

師冕見章

予讀書至師冕章知聖門傳道極平實極尖峻而今學者只是一口讀過覺無滋味你看冕一見孔子孔子告之階卽登階告之席卽坐席告之某在斯卽知某在斯子張曰與師言之道與曰這卽是道此處再不必商量何等平實何等尖峻師冕一瞽者夫子一提便是聲入心通何以

故師晃不著見如今以至道語學者千疑萬疑不肯承當千退萬縮不肯現前摠之是著見一樣今作文章讀書的人曰我今讀書作文即此是學彼講者是虛說一樣修行的人曰我如今不愧先賢何處非學何必講有一種講學做過功夫的人曰我胸中受過多少苦楚我的是摠只着見以講爲虛説者是當登堂而入曲徑也以何必講者是逆旅中不問家室而以逆旅爲久安也以我的是者是入席不問其在斯其在

斯而只曉得自家尊大也到不如師冕一瞽者無見以夫子之見爲見自有眞見今人以巳之見爲見到成黑漆漆地去枉過一生也盲者極明明者却盲可嘆昔宋儒留門人晚飡罷曰好却與賢說一部論語其人曰天晚何以說得這一部論語從容抹棹飲茶罷卽講此章巳而曰一部論語俱是如此子細玩宋儒其所以告門人者猶未甚指點痛快學者悟得及不以明自待豈但論語六經亦如是觀

## 君子有三畏章

此章書看知字要緊君子三畏揔只一畏只是畏天命既畏天命自然畏大人畏聖人之言小人三不畏揔是一不畏一不畏只是不畏天命既不畏天命自然狎大人侮聖人之言君子知所以能畏小人不知所以不畏天命何謂天命不必別解中庸曰天命之謂性君子未知性却去求知性既知性自然不敢不畏何以見其當畏這點性異于禽獸者只爭這些子生天生地生

人生物爲聖爲賢所以當畏大人知性者也聖言教人知性者也安能不畏小人一味懵懵懂懂不知視也不知我何却能視聽也不知我却何能聽生也不知何以生死也不知何以死即極大聰明人以見解爲天命大富貴的人以報應爲天命所以與大人處曰彼與我一樣不知去虛心受他聖言曰此是閒說話那個能依得所以侮聖人不爲君子則爲小人不嚴恭寅畏則放肆日蕩吾輩可不勉諸雖然我輩且勿論

畏天命着吾輩在此一堂講學所親就者大人不虛心受益却是狎大人所講究者聖言不虛心體貼却是侮聖言記得吾少年時在青原當時吾邦濟濟大人在席今皆物化蹈狎大人之弊今猶愧汗又記得一友將四書諸論互相比擬一先正荅曰揔只是非禮之言予受此語益不淺非禮之言侮聖言也諸君亦必有同予病者

生而知之者章

困而學之困字是境象之困當困苦之境肯學是
又其次當困苦之境不肯學是天與之拂逆之
境以堅志而彼則自墮其志天與之熟仁之境
以忍性而彼則自迷其性民斯爲下矣若言困
勉學而知之卽括困勉意矣

此之字先儒以爲無頭說話不知所指何事非義
理非聞見非詩書又非非義理非非聞見非非
詩書吾欲言而無可言欲下手無可下手奈何
得活計爲轉身地學者須要猛叅

## 見善如不及章

此夫子卒老于行不得其志而發也見善如不及見不善如探湯隱居以求其志見其人聞其語只是未見行義達道之人夫曰行義達道是不負所學民不失望春秋之時皆是曲學阿世夫子栖栖列國轍環天下正欲行義故所如不合然古今如此等人亦不多得吾輩且無論行義達道只在隱居求志何謂求志鷄鳴而起孳孳爲善者舜之徒也孳孳爲利者跖之徒也除却

見善如不及更何處討志在世固可求志而未必行義達道者未有不求志而能行義達道者借曰行義富貴爵祿耳矣古之人得志澤加於民不得志修身見于世窮則獨善其身達則兼善天下士不如此終身無志

子之武城章

這一章書只要看得學道二字親切這個道君子也有小人也有這個學君子也該學小人也該學大邦也是此道此學小邦也是此道此學那

個所在離得那箇人離得何以見得昔者子游爲武城宰夫子至武城就聞弦歌之聲是聲也胡爲乎來哉子游在那邑田里無愁歎之聲百姓家至治之澤家給人足民安物阜所以有弦歌之聲聞其聲其化可想也想其化君子小人得其所可知也所以夫子不覺莞爾而笑說着割雞焉用牛刀蓋辟說小邑安用大道夫子是試子游信道之篤何如子游遂以正對曰昔者偃也聞諸夫子曰君子學道則愛人小人學道

則易使也蓋君子不學道難乎其爲上也小人不學道難乎其爲下也偃方幸得尊所聞于萬一令如夫子之言是小邑可以廢學道夫子遂呼二三子曰偃之言是也前言戲之耳夫子豈真有戲非戲不能發子游信道之篤心何如耳聖門師弟一問荅間千古學道之功昭若日星我輩遐想子游當時在聖門不過在文學之科也這樣說得學道親切武城在春秋不是文明之邑得子游猶丕變今之士不止于文學令之

邪又不但武城不知所學何事看起來只在學道上之人口說學道無處見得只是愛人見得就是學道禹思天下有溺者是禹之學道愛人稷思天下有饑者是稷之學道愛人除愛人別無學道工夫下之人口說學道也無處見得只是易使處見得靈臺子來是文王小民易使耳棠勿剪是召伯小民易使除易使外別無學道總之上下只是一個真心流貫上之人有個愛下真心下之人自然易使下之人有個愛上真

心上之人自然愛下可見學道之功亙古亙今亙聖亙賢只是這件了

公山弗擾以費畔章

天下無不可與之人無不可為之事故曰吾非斯人之徒與而誰與鳥獸不可與同羣此夫子欲往公山弗擾之召而非子路所能知也當時天下不宗周久矣為東周者夫子欲教之宗周天威不違顏咫尺之意也若教之與文武之道于國是教之逆矣夫子生周末一念不敢忘其宗

室一曰憲章文武一曰吾從周不然豫讓張良一義士惓惓不忘其本國以夫子至聖而欲使叛臣重造周室非其旨矣雖然公山之召可赴南子可見夫子亦恃堅白在故不能磷湽故曰可與權權非聖人不能用善學夫子者寧方毋員寧經無權斯爲善學聖人者

鄉愿德之賊也章

人在天地間一副眞精神盜賊是盜賊精神聖人是聖人精神賢人是賢人精神善人是善人精

神庸人是庸人精神惡人是惡人精神再假一毫不得譬之銀八成是八成九成是九成難溷於足色之列鄉愿是以假銀而溷足色故曰德之賊也何也鄉愿一副精神只在媚世東也好西也好全在毀譽是非之中聖人精神不顧東不顧西惟安吾心之本然超出毀譽是非利害之外予嘗譬鄉愿如毒在膏肓又如入骨疔瘡雖有盧扁不能瘳已昔陽明先生多謗問門人門人各言其所以先生曰不然門人問其故先

生曰予往時猶有些鄉愿意思故謗少此惟先生自知亦惟密於自知者能觀人世間好鄉愿者不少而鄉愿得便宜處亦不少吾輩入道落此坑臼如入九重地獄故聖人思狂思狷鄉愿屬陰狂狷屬陽

# 南皐鄒先生講義合編下卷

## 大學

### 大學之道首章

學說着一箇大便是徹天地亘古今無有對待的明明德德本明也人只爭一箇覺耳儒者不識此義以明德明明德樓上架樓頭上安頭說甚

明德

親民更不必作新字看親字更有味看書曰百姓不親吾輩舍親民更無明德忠告云未親民時遂無明德乎不知

上言明德頭腦巳在不須更用安頭明德只在親民如巧只在規矩孔門言仁仁是頭腦夫子告之只在視聽言動上出門使民處指示用力信如所言則夫子少了未視聽言動未出門使民以前之仁矣其然乎

止至善須要知人人具有至善只是不止一止而至善在是曰何以止無意必固我是巳

忠告云此是修法向上更有止法分止修爲二巳是大錯况言止更有法有法得謂之止乎請問大匠有巧法否

一知止定靜安慮自然而然非落階級非有次第可言

陳子安問晦翁知止至能得其間有工夫否曰無工夫纔知止自然相因而見只知

止處便是工夫黃去私亦問知止至能得晦翁曰工夫全在知止若能知止則自然如此由此觀之晦翁已掃却階級非特鄒子之言也忠告謂非一蹴而至且云知止者一悟即至佛地但眼清耳更須踐履始得夫云至佛地則踐履矣而又言更須豈不悖耶辟如人有眼疾不得清明則或攝養務盡調治之方或求醫不遠秦楚之路多少踐履眼始得清若待清後踐履晚矣

**本末終始是一串事語末即是本語終即是始分別不得**忠告云果如尊見聖經應云物無本末事無終始但一知止即近道矣此泥詞之失也夫聖經所謂先後者如下文先治其國以至先致其知而后知至以至而后天下平但令知箇頭腦非真有箇界限節候可分天下國家身心意知物只是一件物格致誠正修齊治平只是一時事所以謂之無始終無本末若執泥其詞以爲先做了本而後及末先完了始而

後最終則無末之本本将何顯無終之始始能孤懸殊失聖經之旨矣

古人志願便大發心便欲明明德天下國家除了身說甚天下國家所以說修身除了心意知物說甚身所以說誠正格致人知誠意之意不知無意之意人知正心之心不知無心之心人知有知之知不知無知之知人知有物之物不知無物之物能知無心之心無意之意無知之知無物之物始足語格致誠正始可語明德

或問曰明德親民止至善有先後乎先生曰無先

後舍親民更無明德更無止至善曰如何不只說親民又說明明德曰子試體之日間那有不親民時節出則事公卿入則事父兄内則對妻子奴僕外則對朋友皆親民也惟親民而後明德不爲虛浮曰如何是止至善曰老者安之朋友信之少者懷之是孔子止至善爲人君止於仁爲人臣止於敬爲人子止於孝爲人父止於慈與國人交止於信是文王止至善易曰艮其背不獲其身行其庭不見其人易無思也無爲

也寂然不動感而遂通天下之故此知止之實也知止能得有次第乎曰無次第一知止即是能得更別無所得若先止而後得不知所止者何事有心求得先已不止矣曰然則本末始終先後之說非乎曰本末一條始終一貫如環之無端晰本末始終而二之者此後儒之支離也

經只言知止忠告云知至善之所在而止之添上幾字便有多少病在

或曰格物之說其義不一有云今日格一物明日格一物格事物之理者有云格其不正以歸于

正者有云格去其物欲之私者有云格式也又云格通也彼執一說則非此此執一說則非彼其拒而非之也若筑河堤以障百川然予何說之從先生曰道而曰大學而曰大譬之海然百川爲流不同同歸于海百家爲說不同同歸于學使盡依其說而有得其爲明明德一也曰然則子何說之歸曰予不敢外先賢以爲之歸萬物皆備于我矣何物而非我也能反身而誠何我而非物也執一說以槩格物者諸儒之陋也

或曰修身爲本近儒提此四字如救命靈符然乎
否乎先生曰聖賢之言隨地見珎說到修身爲本可闕他說不是惟是說修身是說箇郛郭如今人說做屋定要去辦財料去請工匠磚瓦之類自少不得學真要修身便自去理會必到知止而後已學不知止漫言修身如農人運石爲糞力愈勤而愈遠矣

所謂誠其意章

大學之要無意而已無意入門誠意而已然徒知

誠意不知意之面目未有能誠意者故教人以觀意之所自來何處看得只在無自欺無自欺何處體貼你看人聞惡臭那箇不掩鼻見好色那箇不喜懽好色不專是女色如穿件好衣服顏色之類便是好色這箇好惡就是意根那箇人不求自慊又小人爲不善見君子厭然厭然處亦是真意這箇真意發根處至尊無對所以謂之獨君子慎獨慎字從心從真只是認得此真心不爲意所掩故通天通地指示莫違心廣

體胖所以真慎獨後儒之所謂慎獨者則以身爲桎梏如何得廣與胖無意之旨荒矣忠告云單言無意而不提出至善則學無主腦何所歸宿夫既無意則真矣而又求上腦又求歸宿猶有意在頭上不可安頭到家莫更思家忠告又曰無意猶落有無邊事果爾則無聲無臭亦未至矣

瞻彼淇澳二節

切磋琢磨恂慄威儀賢賢親親樂樂利利此誠意入門求真心功夫也何以謂之切磋與朋友切切偲偲何以謂之琢磨就明師琢削磨練世間未有無良友而能切磋琢磨者恂慄威儀非揩

效驗卽莊以涖之動之不以禮未善之意功既如是密矣于君子見可賢者吾賢之可親者吾親之小人彼樂矣吾從而樂之彼利矣吾亦從而利之在天壤間一團太和元氣盎然方是真明德親民之學切磋琢磨恂慄威儀亦是親民賢賢親親樂樂利利亦是明德親民中有明德明德中有親民分析不得

康誥曰克明德二章

康誥曰克明德太甲曰顧諟天之明命帝典曰克

明峻德終結言曰皆自明也自然而然是明的

豈容一毫人力參和得

盤銘日新又新若不從明德本來家風參透縱說

猛進土木形骸如何得新

詩云邦畿千里至止於信合聽訟章

這四節書括盡大學一部大學之功全在知止故

引詩以結之詩云邦畿千里惟民所止令人往

帝都未到帝都千蹊萬徑不肯休既到帝都則

心便休緜蠻黃鳥止于丘隅鳥到丘隅便止詩

云穆穆文王於緝熙敬止摠是寫文王一段止的氣象爲人君止於仁止卽仁也爲人臣止於敬止卽敬也爲人子止於孝止卽孝也爲人父止於慈止卽慈也與國人交止於信止卽信也文王既知所止遇爲君便仁爲臣便敬爲父便慈爲子便孝與國人交便信如天之萬物並育非一一而雕刻之也聽訟吾猶人也極形容止的一段精神令人兩訟則必設爲詞說以哄上官上官有明白的宅膽落心驚眼看天手扒地

身心俱忘平素打點的話都不中用了吾儒學者一向說明德說親民說止至善說格物千言萬語旁引曲譬那個是宋儒說那個是我明大儒說縱說得伶俐與自家身心無干一到知止則水盡山窮無復可言說如此方謂之致知方謂之格物此謂知本致知與格物原分不得故先賢合爲一說者以爲格物致知未有傳義千古寃矣

所謂修身章

所謂修身在正其心者人心只有忿懥恐懼好樂憂患諸事此皆意也這有所不是尋常人有所世界上儒者多落此坑臼肯做功夫的人方纔謂之有所所以聖人復提醒也不得有所愚故曰人知正心之心而不知無心之心知無心之心而後謂之正心

所謂齊其家章

所謂齊其家在修其身者蓋人身有親愛賤惡畏敬哀矜敖惰諸情皆意也之其所亦不是尋常

的人有世間有一種稱解悟人說道理無處不是欲也是理任其情之所之或親愛或賤惡或畏敬或哀矜或敖惰再不當乎天則如何說得脩身這辟字不要看得輕辟則爲天下僇矣學問如何一悟便了得正心修身二章宜合看正心章是箇有所的人故先賢教他不要有所見學問執着不得修身章是個無所的人先賢教他之其所也不得見學問放蕩也不得無所與之其所俱不濟事如何是好急宜透此一段

所謂治國章

治國不越孝弟慈可見聖人未嘗說法制禁令孝弟慈皆本天然可見未嘗費些氣力未有學養子而後嫁先賢形容天然處何等親切一家仁一國興仁須要看興字興字有生生不已之意堯舜帥天下以仁要看帥字有只在自家為主之意後面引詩宜其家人宜其兄弟其儀不忒只是說到自家身上來揔之以身為國帥不自國求也

問一人貪戾貪字易見戾字何義先生曰貪字其人多係汚下戾字多係高明的人如已有技能視人之技能不已若者皆戾也而持正守節視世皆無足以容身者亦戾也今之講學號爲真人而不免於戾者幾何人

所謂平天下章

平天下亦只是人人孝弟慈而已要天下孝弟慈又只在自家絜矩矩未絜只是好惡兩端有天下之責又只有此數樣人如樂只君子今郡縣

官之類是也要端好惡而後爲民父母赫赫師尹今方面廵撫之類是也要慎好惡而後爲民具瞻好惡一辟則爲天下僇矣一个臣今宰相是也要端好惡而後保子孫黎民嫉賢妬能好惡不端即子孫黎民且殆此能好惡仁人必放流之屛諸四夷不與之同中國也殷之未喪師克配上帝今爲人君是也爲人君好惡端得衆則得國好惡不端失衆則失國人君好惡惟進退間見之若見賢不能舉舉而不能先是爲惡

人之所好拂天之命而菑必逮夫身矣若見不
善而不能退退而不能遠是謂好人之所惡過
於昏昧而菑亦逮夫身矣康誥不云乎道善則
得之不善則失之甚哉爲君之當絜矩也按自
具瞻至爲君皆有儆詞獨於樂只君子惟說民
之父母何耶盖大臣民之表也人君大臣之表
也守令好惡不端其去之也易大臣人君好惡
不端其禍也長故戒之也深然此諸様人人人
有秉彝个个有良心彼好惡之偏豈肯自說是

偏畢竟是有個蔽處蔽處安在只在是一個財字財利一蔽了心所以爲大臣爲人君將定盤針錯了所以極言財利之不當好外本内末爭民施奪貨悖而入亦悖而出不仁者以身發財提醒人臣財利之不當好也生財有大道引楚書舅犯畜馬乘長國家者提醒人君不當用好財之臣也爲人臣爲人君而能不好財則心中澹然無欲無欲則其好惡也如妍媸在彼已何與焉是故平天下在絜矩而絜矩之要在無欲

有天下責者無以爲危言

治國平天下章要合看可見大學治平亦不越孝弟慈即不越老安少懷之旨家常茶飯却與天地同流平字要玩味王道平平覇者則驩虞矣

問斷斷休休有同異乎先生曰斷字與續字對人當大任於平素計較心恩仇心毀譽心名利心一齊斬斷方能休休如今人當大任一心思量美田宅堆貨財招權納賄恐人不附已者多係賢才假恩威以屛斥之禁錮之心中如何得休

休所以社稷不蒙其恩未轉眄而子孫亦零落矣趙普半部論語佐太平豈未曾讀大學耶

問大學有三本果孰爲宗先生曰若能知止石本可也古本可也朱本可也學不知止無一而可

先生曰予嘗見漢儒以下著述惓惓于古書一字一句竭力辨正甚厭之只于自身上全不干涉自身上做不去卽將古聖人書磨勘十分明白又添百分障蔽大學之書紛紛辨正在近儒尤甚真爲可厭反之自身真是頂門一針

# 中庸

## 天命之謂性章

中庸天命之謂性括盡一部中庸率性之謂道是合下悟道的人不煩擬議所以隨處是道此句是宗門然天下不皆能通宗的人所以又說教門修道之謂教正是教他去修道何以謂之修道你看那一條路原平平坦坦堆了荊棘汚泥便不謂之道惟去了這些汚泥斬了這些荊棘就謂之道道也者不可須臾離也一節是单指

修道之功夫莫見莫顯正中上面工夫之當用這個又謂之中又謂之和又謂之獨隨處異名俱是強名識得性連那三名字都沒有了致中和天地位萬物育卽是修已安百姓更無別奇特〔忠告解修道之謂教爲教人則自明誠謂之教教字豈亦教人耶〕

問何以謂之性先生曰可得而言者非性也終不可得而言乎九經三達德五達道皆性之散見也費隱一章鬼神之爲德一章大哉聖人之道一章則已全拖出性與人看只在人自悟何如

耳不必言何以謂之性也

問何以造得率性曰子早間起來梳頭乎曰梳頭子還想了去梳亦不想了去梳曰這何須想早間自然梳曰子亦有率性時節只是子不肯承認耳曰然則率性君子戒慎恐懼之功可廢耶曰何可廢但率性君子戒慎恐懼即不覩不聞不覩不聞是戒慎恐懼

問道不可須臾離還是人不離道道不離人先生曰合成一家離人無道離道無人

問先輩有云看喜怒哀樂未發以前氣象其說何似先生曰若看便屬已發矣曰然則何似曰離已發求未發卽孔子復生不能子且觀中節之和卽知未發之中

問中與和有分乎先生曰離和無中離達道無大本曰中有定所乎曰若有定所則子莫之執中也去中遠矣

問堯舜孔子不致中和乎當時洪水滔天春秋之時政柄不一如何筴得天地位萬物育先生曰

子謂堯舜孔子不位育乎予與子顓瞶久矣安得有今日這個位育亘天地亘古今無了期

問天地位萬物育註云吾之心正則天地之心亦正吾之氣順則萬物之氣亦順其說何如先生曰吾之心卽天地之心吾之氣卽萬物之氣故曰天地萬物莫非我也若心屬天地氣屬萬物吾無心氣矣造化與我原是合一的

君子中庸二章

此章要看得君子不是大奇異的人只是庸德庸

言小人亦不是尋常的小人亦是入細但不明中庸所以爲小人君子之中庸也君子而時中不必又別生枝節解君子之道四丘未能一焉孔子正是君子中庸除了子臣弟友庸德庸言更何處討中庸小人之中庸也小人而無忌憚也亦不必別生枝節解下面知者過愚者不及賢者過不肖者不及正是及中庸其至矣乎是詠上節

問註云君子而時中是兩截解然否先生曰說着

君子就能隨時處中不是兩截說着小人就是
無忌憚不是有小人之心又無所忌憚

道之不行二章

後儒只管分知分行聖人說道不行由知者過遇
者不及說道不明由賢者過不肖者不及分明
是合知行論如何却分得人人終日在道中却
不知所以即飲食鮮能知味來即說到知上如
今人與人相處他好處只是不知豈有知他好
處又不肯學鮮能知味是聖人冷語甚醒人眼

目註云不明故不行此此語得之

舜其大知也與四章

舜之知不是玄虛只在好問好察隱惡揚善用中於民上此所以為大知後世之所謂知者驅而納諸罟擭陷穽之中耳惟納諸罟擭陷穽之中彼自以為中庸而不知不能期月守耳回之為人也擇中庸拳拳服膺勿失亦回之知也虞庭只有一舜孔門只有一顏子可見中庸之不可能也

問何以爲納諸罟擭陷穽之中先生曰不在好問好察隱惡揚善用中於民上卽爲罟擭陷穽如今人只管在五陰識神中沉潛思索自以爲有得不知落了陰界非罟擭陷穽如何

問既擇乎中庸矣何以不能期月守先生曰只恐所擇者非中庸耳旣曰中曰庸不必守而自無不守

問回之拳拳服膺勿失註云捧而著之心胸之間然否先生曰若捧而著之心胸之間正夫子所

謂罟擭陷穽之中非回之爲人回之爲人惟在擇乎中庸得一善旣得一回無守拳拳服膺者其竭才擇善之間乎

問中庸何以不可能先生曰不是不可能只是鮮能知味旣知味則聖人成能百姓與能何不可能之有

子路問强二章

中庸道理極平淡無奇可見子路問强蓋欲以所長自見而夫子告之只是約向自己身上來曰

和不流曰中立不倚曰不變塞此豈尋常可能惟明中庸者能之不曉得中庸只管去奡惟闘奇不見得中庸滋味未免半塗而廢惟聖人依乎中庸遯世不見知而不悔世上人知而不悔好名者容能之若旣遯世連那名都没了而不悔此聖人能之聖人卽中庸也

問何以曰不變塞先生曰塞字與通字對言有道亦有行不通時節何謂行不通或見嫉於權奸而不變所守豈不是強曰旣謂之有道[illegible]何以尚

有權奸曰你道青天無雲在
和而不流將明道先生來看中立不倚將伊川先
生來看國有道不變塞將柳下惠看國無道至
死不變將文山先生來看更親切然則和者不
中中者不和不不變有道又變于無道耶各有所
勝耳孔子如太和元氣流行無跡
問何以謂之索隱先生曰今講學土外倫理日用
談心性入牛毛者是巳何以謂之行恠曰今服
堯服冠伊川冠之類是

問遯世不見知而不悔惟聖者能之孔子汲汲皇皇求人知既而不知能無悔耶先生曰此初九潛龍也若孔子羣龍無首

君子之道費而隱五章

這四大段書說君子之道即是中庸之道以道必說君子正是君子中庸費而隱至察乎天地正是形容道之廣大精微道不遠人至胡不慥慥形容道之在人不遠君子素其位至反求諸身形容道之樸素平坦君子之道至父母其順矣

乎形容道之毕近鬼神之爲德至誠之不可掩結果只是一誠何謂費而隱儒者云放之彌六合卷之退藏于密是也你看那夫婦至愚不肖却能知却能行聖人亦有所不能知不能行天地亦有餘憾語大莫能載語小莫能破道何如其費隱然亦無處不可見鳶飛天魚躍淵造端夫婦察乎天地何處非道道何嘗遠人人自遠耳執柯伐柯猶有彼此之分以人治人實各足之理人孰不嚴以望人恕以待己惟恕心待人

嚴以反已眞覺子臣弟友有未盡分處言行有未盡謹信處則慥慥篤實而還吾太素矣可以富貴可以貧賤可以夷狄患難可以和家室樂妻孥順父母無入不自得矣然實反求諸身來只在一誠誠不可掩

問既云索隱矣玆又曰隱何耶先生曰隱字啓後儒思索懸想之端世儒求隱于隱白日青天說夢不知求隱於費所以聖人將五倫獻出與人看

問夫婦與知與能是男女事乎謂不是亦不然謂是亦不然你看夫婦在室中父母在知奉承父母亡知哀痛子女知慈愛見乞丐知施舍人說道不好知惶恐豈不是與知與能

問聖人有所不能知不能行既曰聖人何亦有所不能知不能行乎先生曰惟聖人亦有所不知所不能而後爲聖人盖至於不知不能而後爲神化曰問禮問官農圃之類以此爲不知不能然乎曰過此以往未之或知此聖人亦有所不

知焉大段着力不得此聖人亦有所不能焉

問語云君子載道而行玆曰莫能載何也先生曰人能弘道仁也者人也謂君子不載道非也然則何以載曰以莫載爲載

問鳶魚何與於道先生曰庭草何與於道周子曰與自家意思一般知庭草與自家意思一般則鳶魚亦自家意思急開眼莫思量

問造端夫婦察乎天地然則必先始于夫婦而後及乎天地耶先生曰造端與及其至亦語辭耳

須知夫婦小天地也天地大夫婦也若看天地夫婦作兩件亦不得

問曾子云夫子之道忠恕而已矣茲又曰忠恕違道不遠然則忠恕尚與道畧有相遠處先生曰反身而誠忠恕即道強恕而行違道不遠曰無忠做恕不出其說何似曰以忠作恕先已不忠何能做恕此後儒之支離也

問子臣弟友如何曰求曰未能先生曰此正聖人忠恕處世人爲父只責子孝及爲子却不能以

之處兄弟朋友皆然世人只管求人聖人只管反己此與所惡於下一節並看聖人未能正是絜矩處問于五倫中夫婦居一聖人何不說未能先生曰前段言夫婦之愚可以與知夫婦之不肖可以能行已言之矣

問不敢盡不敢不勉聖人得無勉强先生曰聖人心極大亦極小聖人心小所以不敢世人膽粗所以敢

夫子說君子有四道丘未能一焉何四道爲人子

事父在孝其求乎子以事父未能也爲人臣事君在忠其求乎臣以事君未能也弟事兄以恭其求乎弟以事兄未能也交友在信其求乎朋友先施之未能也此四者在德爲庸德在言爲庸言其于庸德庸言處不足不勉有餘不敢盡求言顧行行顧言抵于慥慥之君子然其實未之能原夫子之言人人都說夫子是謙辭今日看來不是謙辭夫子只是學而不厭何處看得只將求字未能字不敢字看得今人只管求諸

人惟求諸人件件都說是己能所以敢持一敢
心何事不有餘夫子只是求諸己惟求諸己件
件都是未能所以不敢持一不敢心事事是不
足可見堯舜而上無盡夫子止是祖述堯舜豈
有盡時不是夫子謙是夫子實話我輩今日在
一堂之上只省子事父臣事君弟事兄交朋友
何如纔算得學一有未能正好孜孜講究明道
先生云天地萬物各有不足之理常思君臣父
子夫婦昆弟朋友有多少不盡處吾輩聖不如

孔子大賢不如明道正好在五倫上着力外此爲學者不是庸德庸言是異端中庸這章書與大學相貫串大學穆穆文王於緝熙敬止穆穆卽是慥慥止仁止敬止慈止信卽未能之意又所惡于上一節卽所求乎子一節之意學庸一書無非要人在自巳身上體出五倫來如此方謂之大學方謂之中庸

問行遠自邇登高自卑何者謂遠與高先生曰邇卽遠卑卽高分高卑遠邇作兩截看無惑乎愈

高愈遠須信當下即是終身目前即是天堂故
曰灑掃應對便是形而上者
問中庸何以說到鬼神邊先生曰外人身而言鬼
神者此荒唐之見也你看人即鬼神則鬼神即
是中庸鬼即隱也神即費也於此見中庸廣大
又神妙
神之格思不可度思矧可射思中庸亦是如此未
知中庸之無方而以有方求之未知中庸之無
體而以有體求之皆射思也

子曰舜其大孝也與八章

舜之大孝武王達孝夫子告哀公爲政亦只是盡中庸之道却又歸重一誠來聖人至誠所以與天地合德此是數章大主意

問舜之大孝次即說尊爲天子富有四海之内世之不尊富者將不得爲孝乎先生曰只在德爲聖人聖人不必索之玄遠一個瞽瞍大舜忘了他象憂亦憂象喜亦喜又封他處置得宜象又不得肆其虐巳又不薄其弟豈不是聖人如何

問宜民宜人如何謂之宜先生曰謹庸德庸言無一毫聲色者卽謂之宜大學曰宜兄宜弟宜其家人中庸曰宜民宜人今之欲處一官者曰某事不宜曰與地方不相宜嗚呼宜之一字難言久矣予一生遯于山林不得行志只學欠個宜字世之以隨俗求容者却又與宜不相似

問達孝與大孝其旨同否先生曰大者如天之無不包達者如路之無所阻達道由大本而生此可見矣

問蘇子曰武王非聖人也壹戎衣而有天下身不失天下之顯名聖人之意言表可見先生曰不知也吾與爾闕疑可矣

問郊社之禮禘嘗之義一治國如何即反掌先生曰你無看明字大輕一事明百事明

問修道以仁仁者人也又說出一個義理等殺然則有次第乎先生曰只是識得仁者人也一語盡之尊賢親親等殺分殊處自理會得

問五達道三達德俱云所以行之者一也至凡爲

國家有九經又說所以行之者一也這一字還當作誠字看否先生曰既說到知仁勇五倫那一件事不誠若不誠且筴不得知況說其它這一字即吾道一以貫之之一卽凡爲國家有九經所以行之者一亦是一貫之一聖人說道理零碎了恐人從零碎處尋道理說天德也說到一來說王道也說到一來正如地之行龍到緊關處一束精神便不散亂曰如何子知爲一貫之一曰予以聖人言知之曰何言曰天地之道

可一言而盡也曰其爲物不二而學問中事又貳得

問先正云物物是生知個個是生知茲又曰學知困知然則知有不同先生曰試問子學知困知與生知者性有異否曰無異曰性既無異學知學此生知也困知困此生知也故曰及其知之一也

聖人說九經如四時行運如七政旋轉一字少不得立萬世爲人君爲人臣之極打頭即說修身

揑了經世的把柄大臣曰敬羣臣曰體不曾說敬重大臣把羣臣丢了說着體字有滋味

問敬大臣今有之乎先生曰寵則有矣敬未之見曰何以謂之敬曰必有所不召之臣是也曰何以謂之大臣曰以道事君不可則止是也

問齊明盛服非禮不動得無致飾于外乎先生曰聖人說齊明二字其義不淺湛然純一之謂齊明者虛靈不昧如何說他致飾于外

問凡事豫則立還是前定乎誠否先生曰誠是件

東西物件可前定誠不是物件如何豫定得曰然則豫字何義曰易言之矣豫順也豫順以動故天地如之而況建侯行師乎順者順性而行之謂也言行事道亦順而行如何得跲與疚與窮在下位諸語正發明豫立之義又歸在順親順親又歸本明善來若不明善縱說個前定是個假的

問誠者擇善還是將天理人欲中擇個善來固執還執個善字否先生曰善不落思勉天地間只

有一善再無二擇者擇此不思勉也固執者執此從容中道也若落思勉箅不得善若固執箅不得中道慱學審問慎思明辨篤行皆求不思勉的道理

問明誠還兩事否先生曰天生人個個是誠明的惟迷了所以因其明處而設教其實誠明無兩件

問至誠盡性可以贊天地之化育先生曰性原是通天地民物一貫外人物天地而言性者不知

性者也至誠明了性惟有盡人物之性一事更無别事惟有徹性地者自不容已先師盧山先生云吾儒與佛氏異者全在盡字上謹識以俟同志

問何以爲盡人物之性先生曰盡人之性老者安之朋友信之少者懷之是已聖人只是孝弟慈豈有奇特盡物之性草木生之禽獸居之鳥獸咸熙魚鱉咸若是已

問盡人物贊天地化育惟達而在上者能之若不

遇而窮者不能先生曰天生人有耳目口鼻個個做得上無片瓦下無立錐夜無隔宿之糧亦做得曰這樣人如何盡得人物之性贊天地之化育曰一念不敢傷天地之和卽盡人物之性贊天地之化育也豈但這等人卽如强盜刼了一顆人中間有子代母死者或貸其母與子又以物償他又如乞丐乞了飯食奉母又唱囉哩嗹與母聽亦是它一事盡人物之性在

問致曲之旨何如先生曰盡性人之生也直直道

而行不直則曲所以須致曲曰請發其旨曰見孺子入井自然有怵惕惻隱之心直也納交要譽惡聲斯曲矣然則何以致之曰程子云人須是識其真心此致曲之旨也曰形著動變化何如曰即善信美大聖神是已

問前知還假億度否先生曰明鏡當空妍媸畢照大陽一出魍魎悉消不知明鏡大陽還假億度否

問自成自道請發其義先生曰公適來問我還是

有人來叫公來問亦是來問曰此自已發心腸如何人使得曰爾之問即自是自成自道除此一問更無處去討自成自道公透此曰仁曰知曰合外内之道曰物之終始更不煩我告

問至誠無息至純一不已還是以人合天否先生曰天人一也更不分別識得天是人人是天則慱厚高明悠久載物覆物成物豈是裔特事純一不已不二是也不二則自不息

大哉聖人之道六章

聖人之道卽君子之道君子之道卽中庸之道這
中庸之道發育峻極禮儀威儀俱是道君子尊
德性一節虛說體道之功爲上不驕爲下不倍
正是功夫實落處愚而好自用王天下有三重
又發明爲下之不宜倍仲尼祖述堯舜是不倍
之証唯天下至誠至其孰能知之見聖人之道
亦不可倍也發育萬物萬物發育卽道也非有
道發育之也峻極于天天之高皆道也非有道
以峻極之也禮儀三百三百皆道也威儀三千

三千皆道也可見道無一毫空隙破綻凝字寂當玩味如下面不顯篤恭無聲無臭即是凝之意

問尊德性道問學有次第乎先生曰無次第這一尊德性便了曰如何不止說尊德性下面說出廣大精微高明中庸溫故知新敦厚崇禮諸語曰既說德性說尊豈能加得一毫再無着手處有着手處只在道問學廣大高明諸語俱是道問學中事如世間學者覺狹隘則致廣大覺粗

踈則盡精微覺卑暗則極高明覺偏僻則道中
庸溫故者時時倣脩也知新者日有開發也敦
厚者矯輕也崇禮者見天則也揔只是求見德
性體段則廣大高明一齊俱到匪是做了尊德
性又做道問學做了致廣大又做盡精微心神
應接不暇即堯舜周孔亦所不能
尊德性者崇效天也崇禮者卑法地也今世以悟
便了者是知止知崇不知禮卑
問居上不驕一節先正以爲効驗子獨以爲功夫

何耶先生曰人不曾實實地做尊德性功夫則隨人說以爲効驗若實落做尊德性功夫始知人非居上便居下除了不驕不倍無處去做尊性功夫

問國有道其言足以興興還是興起在位否先生曰若興起在位是與今執筆求官者一也興還當作興起看有道之世又逢有道君子聞其言自然令人感發曰容不幾于持祿保位乎曰容當作容衆看雖無道之世而端默自持目無睢

黄口無毁譽心無是非此非明哲如何
問愚而好自用三段子俱以爲發明爲下不倍是
矣然則居上不驕聖人何以不言先生曰聖人
生於周末妄言居上何以不驕則是教人以倍
何得爲中庸聖人從周只光光心腸安愚安賤
不敢反周之道眞見周之聖人具三重六事之
善配天配地中國蠻貊率土尊親大經大法聰
明睿知故惟祖述憲章也曰然則今非周矣當
何如爲不倍爲中庸曰

高皇帝繼天立極列聖浴日回天大經大法與堯舜文武同余輩惟確守六諭大義即是中庸即是祖述堯舜憲章文武除了六諭更何處討中庸除了

高皇帝及列聖何處見堯舜文武嗟乎今之高明者求其知爲下不倍之義鮮矣譚學妄標新奇安邦妄更制作倍亦甚矣車書文是王天下禮樂非三重不能作不敢作惟仁人爲能作故曰人而不仁如禮何人而不仁如樂何

祖述堯舜仲尼得堯舜之心如祖述之也憲章文武仲尼得文武之意如憲章之也先天而天弗違後天而奉天時千古聖賢只有一脈若祖其陳跡襲其彌文即今之熟誦讀典制者亦爲祖述憲章乎

小德川流大德敦化只是一再無兩大德敦化爲物不貳也小德川流生物不測也

溥博淵泉而時出之人人具有只是不肯承當故獨歸之至聖曰何先生曰子覩世上人自幼穉

所經歷事不知其幾却一一記得某人某事豈不溥博豈不淵泉曰而時出之難道人人皆有曰子之所問者果時出乎曰筭不得時出曰然則子日間所言所問俱是至聖爲子問爲子言子且待時出之聖謂爾語我則不能加子矣問苟不固聰明聖知達天德者其孰能知之然則聰明聖知與天德是同是異先生曰達天德則無聰明聖知可言矣然則固之義若何曰不有其聰明聖知郎無所倚之謂也

詩曰衣錦尚絅章

衣錦尚絅章與首章相照應首章言不覩不聞莫見莫顯此言不見不動不言不賞不怒不顯無聲無臭聖人發揮此一段中庸可謂苦心之極無柰後世儒者從顯見言動聲色上求越着聲色中庸愈遠無惑乎天命之謂性千古無人識得

問闇然的然其指何似先生曰子知射乎曰知曰子知射之有的乎曰知曰既有的則人得命而

中之便非闇然若闇然即鬼神不得而竊其秘
造化不得而窺其似矣竊惟今世儒或標宗旨
不知有宗即有的有的豈不日亡

問知遠之近知風之自知微之顯此三者有工夫
乎先生曰既說知則已靈明若犯手勢則知反
塞而不通虛則知矣知則遠近風自微顯一一皆
具此處言報應亦細矣世人止說佛氏言報應
而不及儒者豈不究哉

孟子

子路人告之以有過章

子路聞過則喜禹聞善言則拜則字一聞即喜聞即拜看他何等胸襟何等氣象再不容一毫想像不容一毫擬議若想像擬議起來聞過是昭我過善言是來教我便喜不成拜不成大舜則再不知有已一味從人樂取諸人爲善此其所以爲大看得善是天下所共的人與已再無纖毫隔此處便上下與天地同流吾輩學子路聞

過則喜便爲百世師學禹聞善言則拜便無間然從此希舜之大有機矣

一日先生問劉吉卿曰子近何功曰見過先生曰此千聖心傳且無論聖經賢傳今儒者好闢佛壇經云常見自己過與道卽相當曰護短心内非嫌曰若真修行人不見世間過與吾儒有纖毫不同否子若真見過則心自凉心凉非真臻改過境界不能知能見己過則必不見世間過

先生曰丁丑羅近溪先生入

賀子華會于寺中時大衆中先生聞東溟兄言即叩首曰我兄說的是予嘗想此老一叩首平素傲心習氣一時消盡此等受益吾旁窺者知之畢竟此老學得力

又曰孟我疆昔在都中問予曰鷄鳴而起孳孳爲善何以作孳孳爲善功夫予當時以意告之近覺除善與人同更何處討孳孳善與人同不是將善去同人亦不是將人善來同我人人本有箇箇圓成魚遊于水鳥翔于淵無一物能間之

也

孟子道性善章

真正欲聞道不從性體上透一下又不從諸大聖風光對一下終日言説終日力行如蟻子推磨又如蒼蠅鑽窓永無轉身出頭日你看成瞯顔淵公明儀諸大賢便將大舜文王對一下何等力量何等志氣對過一下方才知道本一無古今無賢愚不加不損不增不減爲之即是何也同此耳目同此手足動靜因是不同處彼爲聖

人我爲鄉人見到此自然退縮不得自然推諉
不得終日叅因是不同四字叅來叅去不煩告
語見舜羹墻几席間也
又曰予輩有不善處見人而紅賊去偷盜處便心
跳即此可見性善之一端信得性善又走惡路
是不記性的人生亦死也

人之易其言章

此一節書舊說以人之怪責爲責愚愚即言責之
責如論更改制度不思祖宗聰明睿知千思萬

想方成制度豈容輕議卽好爲更改者是也如論人賢否詆毀賢者不知賢者自有本領一語嫉賢終身埋沒如論朱晦翁程伊川之類是也如身在局外動言局中是未嘗以身爲試也登場一舞舞袖更長故曰君子一言以爲知一言以爲不知言不可不愼也吾輩欲易其言寧易其心繫辭曰易其心而後語易平易也樂易也心平易不責人以難得之事心樂易不加人以忿狠之詞敢以是告司言責者

孟子謂樂正子章

樂正子在孟氏之門是高弟子其人善人也信人也然見却不定却又從子敖遊子敖是個丟知見的人樂正子從子敖是爲其知見所動故孟子曉之曰我不意子學古之道而以餔啜也蓋不從自巳性靈上受用空沿門乞食即餔啜之意若以孟子爲口食責樂正子則亦或人竊屨之疑矣雖然樂正子能受此鞭策若他人教亦無所施受教者亦無地所以責之曰子亦來見

我乎蓋無非責望之意彼受教無地者孟氏去

而不追矣

人有不爲章

此是千古眞正道理与各樣試來當時蘇子極聰

明說伊尹辨天下之大事有天下之大節与寂

愛此二語說着伊尹心事伊尹耕莘時天下弗

顧千駟弗視一介不取不與故卒能伐夏救民

以其中無所欲中無所欲則人信之吾輩做秀

才中舉中進士做官若世界上醲釅欣艷去處

一毫沾不着這樣人豈不是不爲卽未能有爲却是有爲之根基若小小的利害人也欲我也欲人也取我也取甚或踰閑越矩恬不爲怪縱能有爲誰則信之天惟不爲故能大生地惟不爲故能廣生聖惟不爲故能合德天地嗟乎誰知不爲之爲哉

言人之不善章

世上只言二氏說報應此卽孟子說報應處論言人之不善必有後患何者人性本善其有不善

偶一念之差吾既不能使之無不善却又宣揚于人不知所宣揚者還是欲其聞而改乎亦還自巳有所忌嫉而故露其短乎此等心腸即天地鬼神且陰加譴責必有後患故夫子以樂道人之善為益者三樂之一予嘗謂言人不善不但有後患言時即有患當言時惟恐人知心中便自有患言後心中猶恐其人之傳之也心便不得安逸患再無巳時吾輩能從不言人不善心轉到樂道人之善一味懽欣和暢即是超鬼

趣入仙路矣

　大人者不失章

這一章書孟子指着眞心與人看譬如今人說到大人那個不震驚何者是大人爲法于天下可傳于後世無所不知無所不能是大人不知這大人只是不失其赤子之眞心者也赤子之心眞心也見着父母一團親愛見着兄弟一團懽欣何曾費些須擬議思慮何曾費些商量大人只是不失這個眞心便是如今不得爲大人何

處見得且就孝親一段看孟子云人少則慕父母知好色則慕少艾有妻子則慕妻子仕則慕君不得于君則熱中獨大孝終身慕父母即此可見人之不得爲大人肯在父母身上體貼得不失了赤子之心若就在親心上渾全赤子真心這便是大人了大人是難做的孟子說得這樣親切容易真是令人快活孟子生孔子之後亦認得心透故說得如此分明我輩想來聖學不明愁赤子之心空虛把聞見塡實厭赤子之

心眞宰把禮文遮飾儒者以爲希聖要務不知議論日繁去眞心日遠無怪乎大人不多見也孟子後有象山陸子云縱不識一字終是還他堂堂大人此語與孟子千載同符欲學爲大人者勿忽

君子深造之以道章

鄰有富人之子索錢于父靳而不與索于母母閒與之又索之妻妻特多于母耳而未慊志廼躬耕辛苦居積與父等隨其所出入而莫之禁因

嘆曰夫父至親也尋索而不與母妻雖與而少何如我之自蓄乎夫君子學而可不貴自得也學至自得則不假言說不須安排不須布置溥博淵泉而時出之何等居安何等資深左之左之無不宜之右之右之無不有之所以君子學貴自得同一洙泗源流學焉而皆得性之所近惟顏子深潛純粹妙契聖人之旨不違如愚繼顏子而後惟孟子七篇仁義之旨性善之說如揖讓孔顏一堂繼孟子而後惟周子程子陸子

周子曰聖學一爲要程子曰廓然大公陸子曰宇宙卽吾心此等去處非自得何以見得親切如此世之安排道理撑持意見以爲自得明眼者知其爲義襲去自得之肯益深矣

仲尼亟稱於水章

水一也有源泉之水則混混不舍晝夜何者有本故也有七八月間之水則溝澮皆盈涸可立待何者無本故也學之有本者由仁義行任天之便率性之眞不待存而自無不存者此源泉之

水也無本者是行仁義藻繢以自飾枝葉以自矜的然而日亡此溝澮之水也溝澮之水其來也忽然譬彼枝葉藻繢之流非不驚世駭俗然卒致日亡故君子恥之所以先正教學者吾輩只求日減豈宜日增減盡則無事矣昔先正同門人坐于池邊曰寧爲有源之井無爲無源之池即此章大意又有詩曰如今年老無筋力獨坐江槎看水流此語須當自理會

西子蒙不潔章

此章書孟子極誘人向善説道至美者是西子一蒙不潔个个掩鼻則真不潔可知雖有惡人齋戒沐浴則可以祀上帝夫惡人且可改未必惡可知上帝且欣享人豈能沮抑他何以故此機最活惡性無根一念消除當時卽得本心今人見人或纫時少年氣盛稍幹差事後來去悔便作惡他不知其當時所差者其習其意其氣非其性也而今真改方是真性不得沮抑他此章可與伯夷叔齊餓死首陽章互看一個極富的

不傳一個饑餓死的却傳一個美的却令人惡
一個極惡的上帝可享賢聖爲人分剖何等界
限親切不自家別辨路頭非眼黑則心昏予見
邑有爲隷者其行枝甚酷後歸依釋氏嘗念罪
過予心喜之然人有竊笑者不知我輩不回頭
愧此隷多矣故曰煩惱無邊回頭是岸

君子所以異於人者章

此章書見君子一味只是自存自反自憂所以異
于人自存者何世間人有懍刻者君子以仁存

心法天地生生之心不敢一毫刻薄世間人有傲亢者君子以禮存心法天地秩序之常不敢一毫輕放仁存心則自愛人不愛人非仁也禮存心則自敬人不敬人非禮也愛人者人恒愛之敬人者人恒敬之此自然之理也其不能者必仁禮之未至也君子必自反未嘗尤人又不然者必吾誠之未至也君子益自反未嘗尤人終不然者必吾與禽獸無異仁與敬忠之未至也敢歸咎尤人是故君子有終身之憂而無一

朝之患終身之憂即上面自反之功也無一朝之患即上面橫逆之謂也君子所以憂不已者君子只是學舜蓋舜見識大在天下後世必如舜而後已再無有尤人時節所以無一朝之患君子異于人者正在此心一也善用之則爲仁禮之君子不善用之則爲橫逆之小人可不慎哉然一味反已則其待已也大且重一味尤人則其待人也大且重

問仁以存心是將仁存心否先生曰將仁存心心

愈不仁矣將禮存心心愈不敬矣仁人心也即心即仁即仁即禮不是湊泊得的予輩在鄉遇橫逆時即將此章熟讀不已怒不解或讀至旬日直至怒忘時始歇方見眞異于人處與鄉人作敵不如與舜爲敵

楊龜山云舜在父子則盡父子之倫君臣盡君臣之倫以爲友則盡友道以爲臣盡臣道此所以爲法天下可傳後世

儲子曰章

觀此一章書可見人人可爲堯舜再不必退縮當時孟子在戰國人疑其有異所以王使人瞯之孟子曰何以異于人哉堯舜與人同耳孟氏非願學堯舜苦盡心力心中有灼見安能如此說得伶俐直截人信得身是堯舜自然不容已它日曰聖人之于民亦類也出于其類亦類也是與人同出于其類却又與人異既說同是人人可爲既說異又聖人獨爲請思所以出於其類者是甚能參得出於其類處方纔同得易曰首

出庶物萬國咸寧吾輩未能首出且將身子跳
出世俗圈套內振衣千仞方纔有商量

仁之勝不仁也章

此章書孟氏示人以爲仁之的說道仁之勝不仁
也猶水勝火何者仁存則不仁自無今之爲仁
者猶以一杯水救一車薪之火比不仁更甚夫
既曰爲仁是有志于仁矣何謂以一杯水救一
車薪之火蓋緣有一種人不思仁是陽明的却
去黑漆漆地或去私私愈增去欲欲愈熾或去

制念不知念愈制而心愈紛到不如無事的人到得個安淨可見聖學之宗只是爲仁爲仁只在復禮今諸君初入門工夫在先識仁識仁則仁自無對盈天地無一處非仁無一息不仁無一念不仁如元氣周流不少間隔如精神貫浹不少痿痺那處更討不仁在

羿之教人射章

吾儒規矩彀率安在夫子吾十有五一章便是吾儒規矩彀率十五便志於學學便是明德親民

十五志此三十立此四十不惑此五十知天命此六十耳順此七十從心不踰矩不踰此舍此便謂異端便謂權謀便謂功利學說到明德便不是影響支離擬議註疏了得此真明天之所以與我者始筭得明德說到親民便是明明德于天下國家天下國家有一人不明明德不筭得親民然其實一事明德必親民親民必明德孔孟一生汲汲皇皇到老不得了到近時以一悟便了至薄一切倫常以爲于性體無礙吾不

知於規矩彀率安在孟子曰聖人人倫之至也必先曰規矩方圓之至也吾道外人倫無規矩

曹交問曰人皆可以爲堯舜章

堯舜大聖人也個個可爲可爲又只在孝弟教者教此學者學此何等簡易何等直截曹交以形跡求堯舜不知巳身自有堯舜以形跡師孟子不知家庭自有餘師先正曰發聖人之蘊教萬世無窮者顏子也予於孟子亦云先儒又曰軻之死不得其傳予曰儻果不得其傳則漢唐以

來人俱在昏天黑地過日子那個不依着這孝弟堯舜其心至今在此孝弟也軻之傳於今者此孝弟也故曰入則孝出則弟守先王之道以待後之學者吾輩外此是爲異學

莫非命也章

此章書孟子示人以立命之學命不是吉凶禍福之命即天命之謂性之命這個命無古無今無聖無愚無賢無哲無中國無夷狄通是這個命人當但順受其正便了何爲順受其正禹之行

水也行其所無事也知知者亦行其所無事則知亦大矣是故知命者不立乎巖墻之下何謂巖墻巖墻是幽陰之地正所謂陰山鬼窟人不知命却去幽陰地作生涯既知命便向陽明地享現成盡其道而死者是正命桎梏而死者非正命盡其道而死者順受之理也桎梏死者巖墻之下作生涯之謂也孟氏教人立命之學極顯極透徹人信不得莫非命便謂有處是命有處不是命是天有所覆有所不覆何得謂天命

又不肯順受抝要逆做以人力勝天功以聞見勝德性縱做得成個家當拋舍不下明眼者比之桎梏其不能正命可哀矣

耻之於人大矣章

爲機變之巧者非只汚下之流即從道理上裝點之類亦是機變之巧不耻不若人人道也惻隱之心人也無惻隱之心不若人道矣羞惡是非辭讓之心人也無羞惡是非辭讓之心不若人道矣于此不用其耻惡乎用其耻從比擬宅人

起念者則有止有進惟從自巳人道上起念則愧奮自生一事不如人往古來今只有此一事此一事卽人道也此一事不眞則事事不眞更何論做得個人恥然一身叅天兩地恥非眞恥日淪卑汚人耶禽獸耶是在自擇爾

待文王而後興者章

興起也性吾性也進吾往也止吾止也不以人而有不以人而無以有人而興必以無人而廢夫豪傑凡民之特立者豈以人爲進止哉孟子與

於戰國私淑願學孔子周子興於春陵皆生於聖教淩替之後我朝文清薛子興於晉吳聘君興於豫章白沙陳子興於南海文莊文恭文毅興于吉洲醫閭興於遼東布衣陳子興於閩王子興於太洲皆如淩霄之峯四無倚靠挺然特立究諸君子所至豪傑不足以盡之雖然此非鄉愿所能也豪傑其性多猛烈多剛氣不囿習俗不隨衆脚一變至道如馬之跡鼇者必善走若柔懦善人其性多畏縮一有慕古之心左顧

右眄東怕人笑西怕人議這樣人一生有甚長進吾輩今日生逢聖明之世薪蘸之化不减文王再不興起眞無良心矣嗟乎七八月之間旱則苗槁矣天油然作雲沛然下雨則苗勃然興之矣苗有生機可以人而無生機乎哉

人之所不學而能章

良知之説自孟氏已傳至陽明子復拈出示人後世學陽明子者遍相祖傳其功愈密其說愈晦予請再不必別看即看此章良知宛然在前說

道學而能可謂之能不謂之良能惟不學而能謂之良能慮而知可謂之知不謂之良知惟不慮而知謂之良知試看孩提之童無不知愛其親無不知敬其兄這親親就是仁敬長就是義再不必宅求通之東海此仁義同南海北海西海亦此仁義同千百世之上千百世之下亦同此仁義再無有不同的吾輩欲體認良知之教再不必別用心思在家愛親推親親者以親天下在家敬長推敬長者以敬天下一團和順藹

然無間孩提時節卽此是良知良能現前若以此爲庸行別有妙道靜坐而思稍見靜中境象執以詫於人曰吾有所得連篇累牘斐然可聽不知白日青天見鬼縱歷千刼永無見道之期此非大開巨眼者不能拔此沉淪之苦

楊子取爲我章

孟子此章正不欲學有駐脚處說道楊子只是爲我墨子一於爲人子莫一於執中執中無權猶執一也其賊道更甚何者舉一而廢百也孟子

極見性的人東也掃西也掃只是不要人執一曰然則惟精惟一允執厥中之說非乎曰堯舜之惟一者一貫之一矣道一而已矣非執一之謂也堯舜之允執厥中中本自中執而無執即中者天下之大本之中非量人已之間而執之爲中之謂也雖然論執一之害後儒比比皆然其師偶說敬則遂執敬言誠則遂執誠偶言仁則遂執仁偶言靜則遂執靜偶言良知則遂執良知以所耳聞者即殉至老死不變不知聖賢

千言萬語皆是權說皆是引人之道不思走路一聽柱杖縱跛蹩不止難望其一日千里也

饑者甘食章

口腹之害饑渴害之也人心亦皆有害孟氏只指饑渴不知其所饑渴何事說者謂爲昏夜乞哀之富貴然世之不必乞哀亦有富貴害心者予竊謂此易見也孟子指點不爲此一班人說竊嘗論饑渴害心惟講學之人方有亦惟講學之人知之子絕四毋意毋必毋固毋我聖心同太

虛固不必言下此聖門惟屢空顏子方才無此其餘或以多聞多見或以才辨况其他乎今學者動輙勦襲先人陳跡以爲自巳寶藏又最微細者認意見憑神識曰吾學在是只求多不求少只求益不求損其害豈有窮嗟乎口腹之害害不過軀體人心之害更屢刼而無出頭之日世之不自害心者有幾耶

堯舜性之也章

由仁義行堯舜性之也反身而成湯武身之也行

仁義五覇假之也五伯仁義亦是假得十分好處惟孟子知其久假不歸故嚴王覇之辨然吾道中亦有覇儒亦有覇學假仁而處自以爲仁矣不知吾性自有仁也假義而行自以爲義矣不知吾性自有義也甚至把持意見妄認緣氣自以爲有得有見俱是惡知其非有也能知其非有者可以語性矣久假不歸然則吾儒必有所歸逃墨者必歸於楊以楊爲歸逃楊者必歸于儒以儒爲歸歸者若家舍然仁義先王之蘧

蘆可以一宿而不可以久處世之久假不歸者
是以蘧蘆爲家舍也吾儒歸在何處天地之性
存焉爾

道則高矣美矣章

道在天地間說是高却又平實說是美却又平淡
不能引之使高不能降之使卑這就是吾儒繩
墨彀率君子淡能引得人向這邊表不能使人
啓發雖不能使人啓發其躍如見前也非難也
非易善悟者從之耳這樣去處不能爲顏子增

高不能爲公孫丑少貶蓋緣公孫丑以形體求道不以身求道以言求道不以精神求道以玩弄把捉求道不以平淡朴實求道若以身求道則萬物皆備于我何勞孟子說破若以精神求道則心堅石穿若以平淡朴實求道則觸境現前故曰能者從之能者知身卽是道無待外求知精神在我不肯玩弄知道本樸實何事張皇久久自是躍如卽雖欲從之末由也巳與顏子一樣諸賢勉之無負予苦口 曰請問中道而立

曰善哉子問世儒所謂中道而立者如一堂如一邑一都一國之中不知以天視之皆非中也子所謂中者懸崖峭壁不許人挨傍不許人模捉不許人倚着謂之中噫鴛鴦綉出從君看不把金針度與人一堂之上千古之下誰是能者吾爲刮目

## 附録　補頁[一]

南皋鄒先生語義合編序

爾瞻鄒子時與門弟子論學門弟子隨時隨地筆紀之未彙爲一也近王生單取而類次之以所答問者曰會語說經者曰解義總之曰語義合編是編行而

南皋先生合編　序　一

學者可以一覽得其全矣剞劂既竟問序於余余曰孔門授受有真血脈路後來迷失學者紛馳外逐蒙昧無主哉如長夜之漫漫陽明氏作闢乾坤而揭日月學始復明一時及門諸賢交

相推演語句晤垂憲典微言表裡後歆循濂洛而溯洙泗者斷不能外是他求夫何傳之未幾意見紛持爐竈各起非惟昧厥所宗甚或操戈相指其究將使後人耳目復眩天地重昏衛道者切隱憂爲今以讀鄒子諸語

南皋先生合編　序　二

則文成之道不孤至聖之宗不墜主持有人又何懼羣言之淆亂哉鄒子蚤歲困衡動忍增益不以大節自限不以完行自多心研身體獨詣旁參一旦豁然

[一]據《四庫全書存目叢書》子部一四《南皋鄒先生會語合編二卷講義合編二卷》（齊魯書社一九九五年版）補。

直窺聖奧故所吐露語〻歸宗其答問也隨機指點當下指提示之庸行庸言而實不學不慮雖農人樵子皆可與能即慧士聞人難以意測其解經也一本已靈代宣聖胳如珠走盤不出



不滯捴之皆孔門真血脉路非口耳皮毛而已者陽明而後後有鄒子吾道常明詎不在茲也耶或者曰陽明子不能使人盡信而鄒子之語果能通之人〻乎即子知之又誰能信子之知

言也余曰聖人真脉相傳即陽明子所謂認祖宗之滴骨血雖經千百載猶能滲入豈與之爭是非於一旦哉子思子曰百世以俟聖人而不惑孟子曰聖人復起不易吾言其所期待之遠



類如此故吾謂陽明之語必與庸孟俱傳鄒子之言必與傳習並著茲言以俟後聖當不易也余推尊陽明或有識余阿者余曰道之所在烏知其他今於鄒子之語亦道所在也於是乎言

時

萬曆丙辰夏仲之吉剡城年弟

周汝登撰

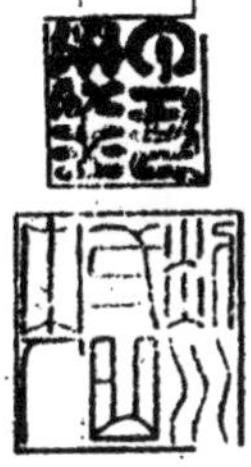



而復驕故往往超悟易得而成就者難

南皐鄒先生會語合編下卷



[二]

[一]本書僅缺該筒子頁左半頁。

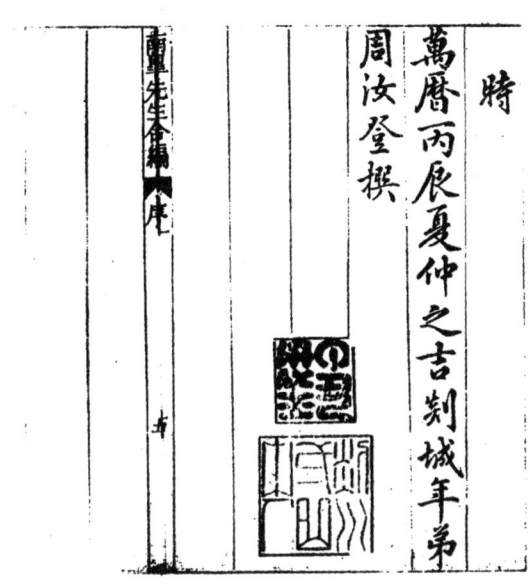

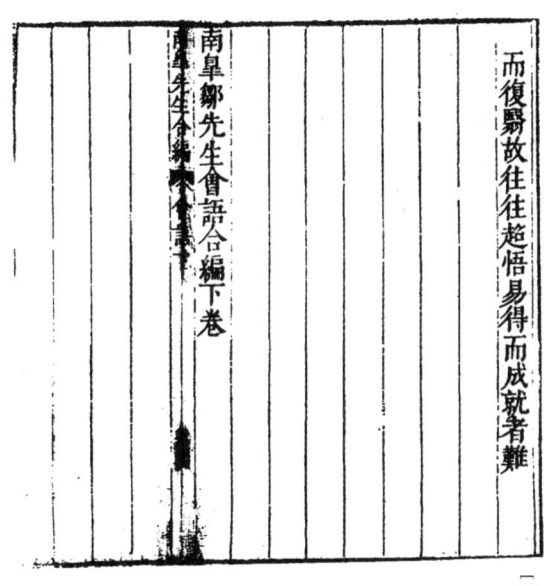

生曰予往時猶有些鄉愿意思故謗少此惟先
生自知亦惟寄於自知者能覩人世間好鄉愿
者不少而鄉愿得便宜處亦不少吾輩入道落
此坑臼如入九重地獄故聖人思狂思狷鄉愿
屬陰狂狷屬陽

[一]

曰善哉子問世儒所謂中道而立者如一堂如
一邑一都一國之中不知以天視之皆非中也
予所謂中者懸崖峭壁不許人挨傍不許人模
捉不許人倚着謂之中噫鴛鴦綉出從君看不
把金針度與人一堂之上千古之下誰是能者
吾爲刮目

南皋鄒先生講義合編下卷終

[二]

[一]本書僅缺該筒子頁左半頁。

[二]本書僅缺該筒子頁左半頁。